認知症がやってきた！

ママリンとおひとりさまの私の12年

酒井章子

SHC
産業編集センター

はじめに

終わりよければ全てよし。
認知症だって、一生で一回のママリンの老後。

早いもので、認知症のママ（愛称ママリン）と暮らして10年となった。主治医からママが初期の認知症と診断されたのが２００６年。奈良の実家で一人暮らしをしていた2年を含めると、12年も認知症と付き合ったことになる。振り返ると、「認知症の母と暮らしました」ではなく、「認知症のあらゆる症状を見ました」という感じだろうか。これが世間が怖れる認知症という病の現実なのか。脳の変化に伴い、親が親でなくなり、人が人でなくなり、モンスターになっていく現代版ホラーである。

認知症介護は、出口の見えないトンネルを走り続けるようなものと言われている。暗く辛く長いイメージなのは、周辺症状（暴言・暴力、徘徊、多弁・多動、幻覚・妄想、焦燥・興奮など）の異常な言動が次々と現れ、それまで普通だった日常生活を猛スピードで破壊し、それがいつ終わるのかが見えないからだろう。認知症はただの病ではなく、家族に多大な犠牲を強いるから怖れられるのだ。

さて、私も同居をはじめてすぐに、とんでもない悪魔を家に招き入れてしまったことに気がついた。認知症とは、本やネットで説明されているだけでは言い尽くせない、想像以上に過酷で理不尽な病だったのである。「帰せぇ！　家に帰せぇ！　泥棒ぉ！　人殺しぃ！」と、わめき暴れ狂うママを前に「私の人生は終わった」と思ったものだ。

しかし、ママは荒ぶるモンスターの時もあれば、ただの可愛いボケばあちゃんの時もあり、12年にわたり認知症の周辺症状に振り回されながらも観察していく中で、対処方法も見つかっていくのである。

ママリンがキレるのには、きっかけがあり、理由があり、原因がある。そして、健常者の私がキレるのにも、きっかけがあり、理由があり、我慢の限界があるのだ。認知症との戦いは、認知症の脳と健常者の脳との頭脳戦でもあり、心理戦でもあった。「優しさや思いやりや愛情」では太刀打ちできないから、「智恵と工夫とアイデア」でしのいでいくしかない。介護とはクリエイティブだったのだ。

そんなこんなで8年目が過ぎた頃、ママはだんだん穏やかになり、あんぱんと猫とおしゃべりが大好きな可愛いばあちゃんになっていた。これは出口の見えないトンネルを抜けたことなのか、あの手この手の認知症対策が実を結んだのか、世間でよく言うママが子どもに戻っていったせいなのか。どんどん状況は悪くなると覚悟していた身としては、嬉しい拍子抜けであった。

こうして、認知症と暮らす修羅場のような年月がウソのように、ママは穏やかで平和な世界に生きる童女となった。ママは今も、重度のアルツハイマー型認知症には変わりはなく、自分では何もできないし、話すことの現実離れぶりは、おとぎ話の世界である。ただ、これも悪くない老後である。

さて、このハッピーエンドの結末は、作戦とアイデア、智恵と工夫のクリエイティブ介護が成功したせいなのか。はたまた、ママリンの認知症の進行と老いがいい塩梅に落ちついたおかげなのか。

認知症の人も認知症になるのは初体験であり、同居する家族も認知症介護は初体験で、認知症に関してはどちらもが素人からはじまる。それからは、進行していく症状に惑わされ、普通の生活が激変し、家族の関係性が揺らぎ、そして自分自身を見直さねばならない事態が次々とやってくる。この本で少しでも認知症介護の実態を知って頂き、老いていく親の老後、そして自分の老後について考えるきっかけや、介護に直面している方にわずかでもお役に立てますようにと願っている。

今思うことは、認知症介護から学んだ一番大きなメリットは、自分が認知症にならないための「これからの生き方」に気づかせてくれたことでもある。

一生で一回の老後の暮らし。親の老後、自分の老後、家族の老後、子供の老後……。みんな一生で一回の老後の暮らし。

認知症だって、終わりよければ全てよし、としたい。

はじめに 2

1章
認知症初期、とりつくろいや
その場その時のウソに騙された
「カモ時代」

親が「大丈夫」と口にするようになったら
ぜんぜん大丈夫じゃないサインかも 10
水と油の鬼親と不良娘が
28年後にこんな形で向き合うなんて 15
遠距離介護がはじまったが
続々と被害状況が明るみになる 22
〝楽しく暮らす〟の希望にすがる
とにかく歩き、外食していた2年間 28

2章
楽しく笑って過ごせば大丈夫、
小さな希望にすがった
「理想時代」

介護はアウェイよりホームが正解
大阪の街が、いい仕事をしてくれる 38
ママとジェフ君、大阪の子になり
不良ばあちゃんになっていくママ 44
色んな人から知恵を授かり
認知症もひとつの個性と思うことにする 50
妄想劇場の主なモードは6種類
ママの脳内で起こる迷惑スイッチ 56
認知症でも、とっても普通で
まともな時もある 70

3章
こいつはもう人間じゃない、
モンスターと戦う
「猛獣使い時代」

2009年は、認知症元年
まともな生活と異常な事態のまだら状態 78
劇場型妄想の【極道の妻モード】で
バンバン打たれ、ブスブス刺される 82
こっちの脳も萎縮させる
悪魔の【ブチギレ・モード】 87
ママのお家芸【徘徊モード】の
はじまりの物語 95
認知症と診断してくれても、
医療はあてにならない
医者で直せないから、認知症は難儀なのだ 102

4章
ママの犠牲になっていく私の人生と、
多くの人に助けられる
「葛藤時代」

ママの家出、徘徊、尾行、
そして約1万人の善意に助けられる 116
ご近所さんに助けられる
恒例行事の【トムとジェリー・モード】 124
ママの警察デビューは早かった
そして【お巡りさんラブ・モード】へ 130
ママのおかげで外堀が埋まったが
認知症の周辺症状の全てが出揃う 137

5章

この状況の全てを
引き受けるしかない、覚悟が決まった

「さとり時代」

記憶より記録が大事 144
観察者に徹して、悪い記憶の邪気は流す 151
鬼の掟は、守ってもらうぜ 160
《歩いた分だけ、歩いて帰る》
三文芝居に付き合いたくないが 170
【女優モード】だからしかたがない妄想劇場
手抜きや横着に知らぬが仏は 178
ズルではなく処方術である
10年という期限を決めた完璧ルールで
良心の呵責も負い目もなし

6章

認知症の勝ち組になったママ、
妄想ばあちゃんになっていく

「楽勝時代」

認知症が進んだら 186
新しいママ・キャラに生まれ変わった
【10年ルール】で、子どもに返っていくママと 193
やっと大人になっていく私
できないことが増えていくのが自然 197
協力してくれたら、さらに自然
ずっと雑な扱いをされている 207
実娘のあこちゃんと、色んな先生たち
ヤマザキの薄皮つぶあんぱんのためなら 215
魂をも売る女である

終章

認知症から学んだ、
自分が認知症にならないための

「これからの時代」

ママの脳中にある 221
アメージングな妄想世界へようこそ
認知症介護はムリしてやるもんじゃない 232
冷静に理性的に最良の選択を…
迷惑をかけない生き方は、しんどいかも 236
「ありがとう」が言えれば、それでOKなのだ
自分へのご褒美は、ケチらない 242
必要悪は、絶対に必要なのだ
優等生情報に振り回されず 247
手抜きやズルを推奨して、自分らしく
ママよ、私が強い娘でよかったね 253
おかげで、メンタルも鍛えられたよ
私が完璧なおひとりさまなのは 257
ママを看るためだったのかもしれない
認知症にならないために 264
認知症情報からオサラバする
もし私が認知症になったら 270
未来の認知症介護は、
どうなっているのだろうか

【ジェフ君モード】
奈良時代からの相棒のジェフ君。ママは1日中、「ジェフ〜、ジェフ君」と呼んでいるので、ジェフ君はいつもママの足元に待機していた。献身的なママのナイトであった。

1章

認知症初期、とりつくろいや
その場その時のウソに騙された

「カモ時代」

親が「大丈夫」と口にするようになったら　ぜんぜん大丈夫じゃないサインかも

それは2006年夏、「お母さんが初期の認知症らしいので、主治医が娘さんとお話ししたいそうです」という1本の電話からはじまった。

認知症という病気は知っていた。なんか大変そうな病気らしい、どんどん忘れて自分の名前さえわからなくなるらしい、恍惚の人とか、ボケ老人とか、最後は廃人とか、とにかく介護が大変らしい……とか。

しかし、それは所詮人ごと、もっと上の世代の話と思っていたが、まさか78歳のママと46歳の私がビンゴするとは思ってもみなかった。

1998年11月、夫である正夫さんが72歳で亡くなってから8年、ママは一人暮らしにも慣れ、47年暮らしている庭つき一戸建ての住宅で、花や植木の世話をして、詩吟とお茶を習い、歴史散歩サークルで月イチはお出かけし、猫のジェフ君を相棒に、なんとなく幸せに暮らしていたのではなかったのか。

私が勝手に思い描いていたママの一人暮らしの風景が、ガタガタと崩れていくと同時に、認知症という言葉だけで怖れおののき、そんな病気になってしまったママに腹をたて、一挙にストレスMAXとなった私は、せっかくやめていたタバコに火をつけていた。

大人になった子どもが、離れて暮らす親の暮らしをどれだけ知っているか……、私はママが認知症と診断されるまで、これっぽっちも知ろうとはしなかった。

たまに実家に帰っても、「ちゃんとご飯、食べてるよぉ」と言うので健康だと思い、「私は大丈夫やから、心配せんでもええよぉ」と言うから安心し、「あんたも忙しいんやから、そんなに帰ってこんでもいいよぉ」のお言葉に甘えて、さっさと帰っていた。

ちょこっと実家に帰って、ちょこっとママの話相手をして、ママが大丈夫と言っているし、私が心配することは何もないと、ママの「大丈夫」を全て鵜呑みにして安心し、そして放置していた。

今だから思うのは、老いた親が「大丈夫、大丈夫」と口にするようになったら、それはぜんぜん大丈夫じゃないサインかもしれない。認知症の症状のひとつ、とりつくろい、だったかもしれないのだ。

正夫さんが亡くなって一周忌が終わるまでは、色々な手続きや片づけなどもあり月に一回は帰っていたし、たまには大阪に遊びに連れ出したりもした。しかし、その後は、私の記憶では盆と正月ぐらいしか帰ってないように思う。だってママは大丈夫そうだったから……。

ただ60年以上連れ添った夫を亡くしたママの喪失感や寂しさを、独身貴族の私は想像することができなかった。いや、ちょっと考えれば想像はついたのだ。大好きな夫・正夫さんが亡くなり、それまで食事とおやつを作り、部屋の設えや掃除をし、常に風呂にお湯を溜め、着替えまで手伝い、亭主関白の夫に尽くすことが全てだったママの日常は大きく変わった。

そんなママに「やっと正夫さんから解放されて、これからはなんでも好きにしたらいいやん」と、今後の人生は自分で決めてねと丸投げしたのだ。

ただ、私自身も40代で、人生の岐路に立っていた。

編集プロダクションの事務所をたたみ、中古のメゾネット・マンションを全面改装し、階下を住まい、階上をギャラリーとして運営するという新しい仕事をはじめていた。ギャラリー仕事の経験もなく、25年の住宅ローンを背負い、これからの人生全てが未知数なフリーの40代独身女の頭の中は、自分のことで一杯だった。

だからママが「大丈夫やから、心配せんでもいいよ」と言ってくれることは、大変助かった。その言葉に甘え、実家に帰る回数は減り、ついに盆と正月ぐらいになっていた。誠に申し訳ないが、夫に先立たれた70代年金生活者のことは、これっぽっちも頭になかった。

ただ、少し言い訳をさせてもらえば、世間一般の40代とは、仕事、会社、お金、人間関係、自分の家族のことで精一杯、親の心配をする余裕がないお年頃ではないだろうか。ノーマークだった親に、突然の認知症の告示。子どもにとっては青天の霹靂、突然の事件でしかない。

しかしその事件は、主治医が認知症を告示した日よりずっと前からはじまっていたのだ。いや、夫の正夫さんが亡くなったその日からはじまっていたのかもしれない。私は医者ではないが、ママは、夫が亡くなったことによる寂しさや悲しさからうつになり、うつからくる脳機能の低下から認知症に進んでいったのだと思っている。事実、配偶者の死をきっかけに認知症になる人は多いそうだ。「大丈夫だから心配しなくていい」を真に受けて、盆と正月しか帰らなかった私の行動は、刺激が少なく、楽しい感情が動かない環境を作っていたようなものだった。

今になって思うのは、一人ぼっちになったママを、一人ぼっちのまま放置したのは、認知症になる生活の後押しをしていたようなものだったのだ。もし、正夫さんが亡くなった後、一人ぼっちになったママの生活を気にかけ、色んな話を聞いてあげて、楽しい老後がイメージできていたら、認知症の発症を遅らせることができたかもしれない。

しかし、こうも言える。もしママが認知症にならなかったら、疎遠な母娘は疎遠のまま、ママ一人の老後生活が続き、果たしてそれが幸せであったかどうかわからないままジ・エンドを迎えていたら……。私の中に何か漠然とした後悔、後ろめたさ、自責の念のようなものが残る、というか。

逆に言えば、ママが認知症になったおかげで、ママとの母娘関係を見つめ直し、老後という人生最後の一時期について考えるきっかけになったのだが、これは今だから言えること。当時の私は、自分の人生に立ち塞がる異物、邪魔者として、ママの認知症発症を憎んだ。

こうして、否が応でもママと共に生きる人生がはじまったのだが、これは私の人生で初の、全く思い通りにならない人生のはじまりだった。

水と油の鬼親と不良娘が28年後にこんな形で向き合うなんて

さて、いざ主治医に会ってみると、ママは初期のアルツハイマー型認知症ではあるものの、毎日楽しく暮らしていたら、認知症の進行を遅らせられるということだった。

「な〜んや、明るく楽しく生きていたらいいんやったら、認知症なんか怖くないやん」と早とちりした私は、その足でママの家に行き「あんなぁ、さっきお医者さんに会ってきたんやけど、ママって認知症やねんてぇ」とさっそく告示した。

「でもなぁ、楽しいことしてたら大丈夫なんやてぇ。これから私もちょくちょく帰ってくるしぃ、一緒にどこかに行ったり、大阪で美味しいもん食べたり、楽しいことしてたら大丈夫やわぁ」と、サービス・プランも提案したのに、ママは「あんた、私、息が止まるほどショックやわ」と私を睨みつけた。そして「あんたの言うことは信じられん」とさらに睨みつけた。

すぐに本人へ告示したことについては、後で介護関係者からも怒られるのだが、今考えると軽率だった。

18歳で家出した後は音信不通、30代後半ぐらいでやっと盆と正月に帰ってくるようになった不良娘に、急に「一緒に遊ぼぉ」なんて言われても、それこそ晴天の霹靂だ。

私だってお医者さんからのたったひとつの希望「毎日楽しく暮らせば大丈夫」という漠然としたイメージにすがっただけで、ママを心底サポートする覚悟もなく、ただ楽しいことなら得意分野だと思っただけだった。

私たちは元々仲のよい母娘ではない。

いい大学に入り、いい会社に就職することが最良の人生と思っていた父親は、「勉強ができない奴は人生の落伍者だ」と言い切る厳しいだけの教育パパで、中高校生の頃はお互いほとんど口をきかない典型的な親子断絶状態となっていた。

夫の言うことは全て正しいと信じて疑わないママは、父親に逆らってばかりいる子どもたちを憎み、従わない子どもたちを嫌い、父親同様、厳しいだけの鬼ママだった。

こんな家から一刻も早く出たい私は、大学に入った一週間後に家出した。その後の話し合いで学費だけは出してくれることになり、六畳一間、風呂なし、ぼっちゃんトイレのボロアパートで、18歳の私は自由を手に入れたのだ。

ヤッホ〜、私は自由だぁ〜と、学生生活を謳歌していた2回生のある時、バイトに行く交通費さえなくなった。せっぱ詰まって、ママに電話して「あのぉ〜、大変申し訳ありませんが2000円貸してくれませんでしょうか。2000円を私の口座に振り込んで頂きたいのです。バイト代入れば、すぐにお返しします」と頼んだら、「あなたが勝手に出ていったんですから、自分でどうにかしなさい」と言ってガチャンと切られた。

おいおいおいっ、子どもが困っている時に手を差し伸べるのが母親ってもんだろう！　内緒でこっそり助けてくれるのが母親だろう！　わずか2000円を貸してくれと頼んでいる子どもを、理由も聞かずに切り捨てるんかっ！　朝ドラのお母さんをイメージした私がバカだった。鬼ぃ、悪魔ぁ、ドドドドドケチィ〜！

これで私は覚悟した。これからは親もない、帰る家もない、人に頼らず、一生一人で生きて行くしかない、と。

しかし、この2000円借金拒絶事件が私を強くした。自分の力だけで生き抜く覚悟が決まり、自主独立と自由を貫くことを人生最大の目的とするのであった。この自由を貫く意志は、後の地獄の徘徊最前線で大いに役立つのであるが、腹が立つのは、私には2000円も貸さなかった鬼ママが、弟にはちょこちょこお金を渡していたことだ。この一貫性のなさも、むかつくのである。

こうして、ママ51歳・私20歳の時に、母娘の絆は完全に立ち切れた。その後ずっと、私の中でママは「2000円も貸さない鬼親」であり、ママの中で私は「親を裏切った不良娘」だったのだ。

しかし、仲が悪い母娘だったおかげで、ラッキーなこともあった。

大好きなお母さんが壊れていく、優しかった母がひどい言葉でなじる、尊敬していた親が不潔なことをする、私のことを覚えていないなど、仲よし親子であればあるほど、異常な言動をする親の姿に心は傷つき、楽しい思い出が多いほど悲しみや辛さは倍増する。しかし私の場合は、鬼ママがボケリン・ママになっただけなので、感情的なダメージは少なかった。

また、認知症のおかげか、常識的で真面目で堅物なだけのママの性格が、お茶目でおとぼけでお調子もんのキャラに変化していったのは、予想外のサービスポイントであった。脳の神経細胞の機能低下のせいで、きっちり考えて行動することが難しくなったせいか、実は夫・正夫さんに抑圧されていただけで、これが本来のママのキャラなのかは、今となってはわからない。ただ、認知症の症状の全てが憎むべきものではなく、頭のネジを程よくゆるめてくれるメリットもあった。ほんとに微量なメリットだが、行儀や話し方など説教ばかりしていた厳しいだけのママが、ボケリン・ママになったおかげで、水と油の母娘が、ちょっとフランクな関係になれたわけだ。

今になって思うこと。もし親に対して、わだかまりやモヤモヤがあるのなら、早めに聞いておくべきである。ママに2000円借金拒絶事件の真意を聞いたところ、「そんなこと、わからへんわぁ」で、全く記憶になかった。

正夫さんについても「あこちゃん、父さんがあんたのこと、褒めてたよぉ。一人でよう頑張ってるって。あんたのことは認めてたんやよぉ」と、ちょっといい話の時もあれば、「父さんはあんたのことをちゃんと見破ってはった。あっこは信用するな、あいつは裏切る。あんたは不良やから、人間として信用できへん。頼ったらあかんって言ってはった」と、スキャンダラスな時もある。いったいどっちが真実なのか。

認知症がはじまれば、相手はどんどん忘れるのである。もう二度と真実を聞く機会がなくなる瀬戸際なのだ。認知症が進んでいくと、都合のいいウソもつくし、勘違いや思い違いは得意技、作り話や妄想は、それはそれでよくできているのだが、真実は藪の中である。知りたいことを聞いておけるのは、まだ記憶が残っている初期の認知症のこの時期だけだ。

すでに持っているトラウマや、今後トラウマになりそうなことは、ここできっちり聞いて解決しておくことをおすすめする。今後の人生を前向きに進むためにも、思い残しや後悔がないよう、後ろめたさや自責の念が後を引かないよう、ここは勇気をもって取り組むべきかと思う。

ついでに親の生い立ちや子ども時代のこと、今までの人生で楽しかったこと辛かったこと、好きな食べ物や場所や音楽なども聞いて、できるだけ過去の履歴や素行データを集めておくこともおすすめする。

私たちは親のことをいったいどれぐらい知っているのか、実はほとんど知らないのだ。私はこの時期、ママの情報収集をおろそかにしたせいで、その後の介護で苦労した。

認知症というのは、新しい記憶をどんどん忘れ、まさに年表を逆行するように過去の記憶に戻っていくのが特徴だそうだが、その過去の中でも、一番楽しかった頃の記憶が長く脳の中で留まっているようなのだ。

ママの場合は、生まれ故郷の門司での女学生時代、大阪に出てきた頃の看護婦見習い時代が、美しき思い出だったようで、この時代の記憶の断片が徘徊や妄想の引き金となり、この時代を知らない私はママのご希望に添えず、泥棒、人さらい、悪人と罵倒される。

ママの美しき青春時代のことを知っていれば、かめちゃん（ママの嫌いな姉）への文句に共感したり、看護婦さんごっこもうまく付き合えたと思う。

また、ママがヤマザキの薄皮つぶあんぱんをこれほど愛していることを知ったのはここ3年ほどであるが、もっと早く知っていれば、暴れん坊や悪魔になった時、気分転換の飛び道具として便利に活用することができただろう。

で、こんな感じである。

ママ「私、自分の家に帰らしてもらいますっ！　あんたの家はイヤなんですっ」

私「ママ、あんぱん食べないの？」

ママ「えっ、あるの？　はい、頂きたいですぅ」

総じて年寄りは甘いもが大好きになっていくようである。

老い先短い命、健康重視の食事より大好きなものを食べて頂く。今の現実を知ったところでどうってこともないので、楽しかった思い出の中で生きて頂く。これぐらいの幸せオーラに包まれれば本望であろう。

しかし、こんな風に達観したのはだいぶ後のこと。これから認知症のドツボにはまりまくる歴史がはじまる。

遠距離介護がはじまったが続々と被害状況が明るみになる

で、いったい認知症ってなんなの？　その後、人間の鬼ママから、認知症モンスターにあっという間にレベルアップしていくママ。心の準備をする間もなく、認知症と共に生きることになってしまう。

同居していたり、頻繁に会っていたりする親子なら、親の異変に気がつくだろうが、私の場合は突然の認知症告示だったので、そこからはじめてママを注意深く観察するようになった。

告示されて半年ぐらいまでは、家計簿は毎日つけていたし、冷蔵庫には一般的な常備野菜、コンロの上には美味しく炊けた煮物の鍋があり、掃除も洗濯もして、風呂にも入っていたので、見た目は普通の生活だった。

本人が「大丈夫、大丈夫。ちゃんとやってる」と言うので、週に一回帰るぐらいの遠距離介護で大丈夫かもと、少し楽観視していたのだが、初期の認知症のはずのママは、あっという間に本格的な認知症になっていった。

ちゃんと食べているはずの食事は、スーパーのお好み焼きやのり巻きになり、冷蔵庫には10本以上のマヨネーズ。引き出しの中には短く切られた電気コードがたくさんあり、これはヒモとして使うそうだ。衣裳ケースには同じようなデザインの新品のブラウスが重ねてあり、2部屋がただの荷物置き場になっていた。家計簿はほとんど白紙になっていたが、備考欄には「あっこに、おこられた」と書いてある。

そして、最初の犠牲者は、一緒に暮らす猫のジェフ君だった。

「あんニャ。ボクがお家にいるのに、ジェフ〜、ジェフ〜ク〜ンって、外に探しに行って帰ってこなかったり、ボクがお外にいるのに戸締まりして、閉め出されて庭で寝ることもあるんだニャ。トイレの砂も替えてくれなくて、殺菌消毒って言ってお外に出すだけなんだニャ。ただ、ニャ〜ンって甘えて鳴けば、おやつはいっぱいくれるんだけどニャ」。

こりゃいかん。風通し用の小さな窓に猫専用出入口を作り、トイレの砂は私が交換。そして動物病院に連れて行くと、ジェフ君は立派な肥満児で腎臓病になっていた。

次の犠牲者は、遠く離れた門司のおばちゃんだった。

電話の近くに、緊急時の電話番号を書いた紙を貼っておいたのだが、ママは毎晩毎晩、門司のおばちゃん（兄嫁さん）に長距離電話をかけていた。

「正夫さんがいなくなって、寂しぃ言うて泣くんよぉ。もぅ、可愛そうでねぇ。聞いてあげてるだけやけん、よかよかよぉ」と言ってくれた優しい門司のおばちゃんだったが、毎夜毎夜、何回も何回もかかってくるしつこさに、ついに「あこちゃん、悪いけどぉ、夜は受話器、上げてるけん、ごめんやでぇ」となった。

電話攻撃は私にもきた。もう5分おきに電話がかかってくるのだ。「今は、ギャラリーの店番してて、お客さんもいるから、あとでかけ直す」と言っても関係なし。適当に返事して切っても切ってもかかってくるのには心底うんざりしたが、ケータイ番号を教えなかったのはナイス判断であった。

ただ、ママは、昼間は私、夜は門司のおばちゃんと、電話タイムを使い分けていたようである。

被害は公共施設にも及んだ。

通帳と印鑑をすぐに失くすようになり、5冊ぐらいを再発行したところで、私が通帳、印鑑、キャッシュカードを預かることにした。ただママは行方不明にしていた古い通帳を偶然見つけると銀行にかけつけ、受付のお姉さんに「私のお金を出してちょうだい」と平気で頼むそうだ。

印鑑がないと出せません言われると「私は長年こちらの銀行と取引しておりますが、ずっと通帳だけでお金を出して頂いてましたっ。私は酒井ですよ。あんた、新人か？　私はいつも顔パスでお金を下ろしてたんですっ。支店長を呼びなさいっ！」と、何回もごねられたと支店長さんから聞かされる。恐縮。

「こんなお金も出せない通帳なんか、こうしてやるぅぅ」と、通帳をビリビリに破り捨てて去ったこともあったそうだ。恐縮。

２００６年は銀行の統合が加速して、バリバリ関西系の三和銀行がＵＦＪ銀行になり、三菱東京ＵＦＪ銀行という長い名前になった。三菱と東京とＵＦＪという、企業名と地名とアルファベットという難解な組み合わせの名前になり、このおよそ銀行名とは思えない長い名前についていけず、困ったことになったご年輩の方も多かったと思う。

ママも「あんた、三和銀行がいつもの所にないんよぉ。どこに引っ越したか、調べといてくれるぅ」と私に訴えたが、ママは一生、三菱東京ＵＦＪ銀行の名前を覚えることはなかった。

※２０１８年、三菱東京ＵＦＪ銀行から東京が消える。

気の毒なのは、銀行名が変わらなかった奈良信用金庫さんで、ママは顔馴染みのこの銀行に再三ごねに行っていた。本当に恐縮。

さらに、通っていた詩吟教室は、駅までお友達が迎えに来てくれていたが、約束を忘れるようになり自然脱退。新聞配達2社との契約は、先に景品でもらったらしいビールや商品券の代金を返済して解約。シロアリ駆除のセールスは、私がたまたま実家にいて撃退。ただ、私がいなかったら14万円で頼んでいたそうだ。お〜怖っ。と、色々なプチプチ問題もプチプチと発生した。

地域包括センターのサポートで、要介護3をもらい、デイサービスに週2日通うようになったが、ママは自分が認知症だと認めていないので、お年寄りのお世話をするボランティアということで出かけてもらっていた。ただ「年寄りの世話は大変やわぁ」、「年寄りは、おもろない」と文句ばかり言う。自分も年寄りなのに……。

また、遅刻は絶対いたしませんの規則重視の性格ゆえ、お迎えの1時間前から玄関先で待っているそうで、デイサービスのスタッフさんから「長い間、立って待ってられるようなので、玄関に椅子を置いてあげてください」と頼まれる。デイサービスのない日もずっと待ち続けては「あこちゃん、お迎えがこないんやけどぉ、いつ来るのぉ?」と、昼ごろ電話がかかってくることもあった。

2006年夏の初期の認知症の告示から、あれよあれよと2年が経ち、オープンして4年目のギャラリーはおろそかになり、スケジュール帳から楽しみの約束が消え、ママ関連の用事ばかりになる。奈良に帰る回数は週に2~3回と増え、大阪と奈良の往復2時間30分、往復運賃1600円と、生産性のない時間とお金が消えていく。ウソ、とりつくろい、妄想、不安症など、次々と登場する認知症の周辺症状はまさにスリルとサスペンスで、ママの切迫した電話での呼び出しや予測不能な事件、さらに見事な作り話に騙され、理不尽な言動に振り回されていく。

しかし私は、頑張っていた。一生懸命だった。なぜなら私は認知症の素人だったから。どうしていいかわからないから、認知症ママの言いなりだった。

今になって気づくのは、認知症になったママを色眼鏡で見ていたということだ。はれ物に触るように特別扱いし、得体の知れないものとして接していた。要はビビッていたのである。

異常な言動にいちいち過剰反応して、多くのムダなエネルギーを使っていた。

〝楽しく暮らす〟の希望にすがる とにかく歩き、外食していた2年間

本を読んだり、ネットで調べたり、溺れる者は藁をもつかむで、認知症について勉強はしていたが、唯一の具体的なアドバイスは主治医が最初に言った「毎日楽しく暮らしていたら、認知症の進行を遅らせることができる」だった。とかくネガティブな内容が多い認知症情報の中で、「楽しく暮らす」は明るい希望だったのだ。

そして、この小さな希望にすがった。

ママが作る料理にちょっと不信感を持った頃から、外食するようになった。いや、本当はママの所には行きたくないが、外食というお楽しみをプラスして気分を上げていたわけで、私のための必要悪である。

ママの家にいても、財布や通帳を探すか、掃除や整理をしようとして怒られるか、ママのシュールな話を聞くかで、不毛の時間が過ぎていくだけなので、さっさと外に出かけた方がお互い気分転換になるのだ。

本来のママだったら外食なんてもったいないと言うタイプだが、「あこちゃん、あんた、一杯飲んだらいいやん。私がおごってあげるぅ。私の通帳からお金、なんぼでも出したらいいわぁ」と調子いいことを言うのも、脳のネジが程よくゆるんでいるせいだろう。

また、よその人がいると言動もしっかりして普通なので、外食は一石二鳥なのだが、私が酔っぱらい過ぎて「あんた、女のくせにいい加減にしなさいっ」とママに怒られることもあった。

ママの家は大和郡山市なので、近所に社寺仏閣も多く、観光やちょっとした散歩にはよい環境だったので、二人でよく歩いた。その後ママは、日本横断ぐらい歩くことになる。

さて、「お金がない、お金がない」ばかり言うママに、本人希望額10万円を毎月生活費として現金で渡すことになった。しかし、すぐになくなるのである。すぐに「お金がなくなったから持ってきてぇ」と電話がかかってくるのである。使ったのか、落としたのか、忘れているのか、なくしたのか不明のまま、1万円、3万円、5万円と現金が消えていき、その不明金は莫大な額になった。

ママにもう大金は渡せないので、1万円札を仏壇の引き出し、電話の下、お多福人形の座布団の下など、あちこちに隠しておく。ママからお金がないと電話がかかってくると「仏壇のろうそくの箱の下を見にいってみぃ」と在処を知らせる。ママは「ちょっと待っててなぁ」とバタバタと走って、またバタバタと戻ってきて「あこちゃ～ん。1万円、あったわぁ～。あんた、すごいなぁ。なんでも知ってるんやなぁ」と大喜びされるのである。

さて、その不明金、偶然タンスの奥から10万円入りの財布を見つけたのをきっかけに、探せば出てくることがわかり、宝探しのお楽しみがプラスされる。「ママァ、お金見つけたよぉ」と呼ぶと、ママがバタバタと階段を上がって来て「あこちゃ～ん。お金あったんかぁ～。私はやっぱりすごいなぁ～。使ってなかったんやなぁ」と大喜びするのである。そして「ほらなぁ。私がムダ遣いするわけないと思ってたわぁ。はい、1万円、あんたにあげるわ」と、おこずかいをくれるので、それを外食寄金として使わせてもらう。金は天下の回りものである。

このように、ママが執着したのはお金だった。「あんた、私のお金が目当てで帰ってくるんやろ」と言われる時もあれば、「あんたに預けたら安心やわぁ」と感謝される時もある。ただ、通帳や財布がなくなると私を犯人扱いするのだが、あ～だこ～だと釈明するのが1時間を超えると、もう犯人でもいいかと思ってしまうのだった。

２００７年頃、離れて暮らす認知症の母親に毎日手描きの絵ハガキを送ったことで、認知症が治ったという朝日新聞の記事を友達が持ってきてくれた。「えええええっ〜？　ハガキで認知症が治ったてぇぇぇ〜」、これは小さな希望どころが、大事件である。

くすっと笑える内容にするのがコツらしい。笑いは健康によいことは医学的にも証明されていたが、笑いが認知症の進行を遅らせるだけでなく、治ってしまったというビッグニュースに私は飛びついた。

※この絵ハガキの話は、脇坂みどりさんの実話で、『希望のスイッチはくすっ』という本になり、２０１７年には『奇跡の葉書』という映画にもなっている。

笑いが認知症の薬であることはわかったが、ママをどう笑わせるか……、だいたいママと私では笑いのセンスが違う。私はイラストを描くのがめんどくさいので、会った時にママの写真を撮って、雑誌風に見出しや本文を書いてパソコンでデザインし、ママが主役のオリジナルポストカードをまとめて作っておいて、それを毎日送るようにした。

ハガキが届くとママは驚喜した。郵便屋さんが来る時間を楽しみに待つようになり、届くと喜びの電話が必ずかかってきた。

私もこのポストカード作りが面白くなり、近所の社寺仏閣でママ撮影ロケを行い、ポーズや表情を指示するとママもノッてモデルをするので、どんどん悪ノリのクオリティが上がり、結果的に笑えるパロディ写真ハガキとなった。

のちにママは、ドキュメンタリー映画『徘徊〜ママリン87歳の夏〜』（田中幸夫監督）で主演女優デビューを果たすのだが、「夫の後を3歩下がって影を踏まず」だったはずのママが、こんなにも前に出るタイプだったとは、人間の本性とはわからないものである。

ママは自分でカードファイルを買ってきて、ハガキをちゃんと整理しており、全90枚をなくしていないのは奇跡である。楽しい出来事もすぐに忘れてしまうのが特徴のもったいない病気、認知症。ハガキをファイリングまでして楽しんでくれたので、よかった、である。

しかし、こんなお楽しみは認知症という大きなうねりの中ではプチもプチ、プチプチプチぐらいの吹けば飛ぶようなお楽しみである。２００８年、認知症告示から3年目に入り、どんどん自力生活がムリになっていくママとの同居を決断するXデーは近づいていた。

いや、ずっと同居を逃げていたのだ。いつか同居しなくてはいけないことはわかっていた。しかし、それを少しでも先延ばしにしたい私は、その問題を回避するためにムダな努力をしていたように思う。お隣から呼び出され「もし火事にでもなったら、どう責任をとってくれるんですか？」と詰め寄られたのをきっかけに、ママお引き取りの準備をはじめる。

しかし、決断してからが長かった。大阪で一緒に暮らすようママを説得するのだが、これが一筋縄ではいかないのだ。話せば納得して、「そしたら、そうさせてもらおうかなぁ。ジェフ〜、おまえも大阪の子になるかぁ」とご機嫌なのだが、いざ出発となると動かない。何回も何時間も説得して、「さぁ、行きましょか」となったところで、ドタキャンが続くのには、もうヘトヘトに疲れ果ててしまった。そこで、「ママ、ちょっと大阪に遊びに行こかぁ」と騙して連れ出してから10年、今に至る。ママはすっかり大阪の子になった。

今になって思うのは、ママがなぜあれほど頑固に大阪に行くことを拒否したのか。もちろん住み慣れた家から離れたくないという執着も大きいと思うが、それ以上に、子どもに迷惑をかけない、私は一人でもちゃんと生活できる、寂しいぐらい我慢できるという、親としての意地とプライドではなかったかと思う。

特に子どもには迷惑をかけたくないという思いは強く、その迷惑をかけたくないと頑張っているのが迷惑なんだということを理解してもらうには、ママの頭はボケ過ぎていた。

これはママだけでなく世間の親みんなが思っていることではないだろうか。子どもに迷惑はかけたくないと保険に入り、健康に気を遣い、節約して貯蓄をするが、どんなに頑張っても老いれば必ずなんらかの形で子どもの世話になる、要はいつかは、迷惑をかけるのである。

この迷惑をかけないという意地とプライドが、認知症になった時に強烈なイメージとして固定されるようで、ママの「あんたの迷惑には、絶対になりたくないんですっ」と言う、まともな理由による異常な言動がエスカレートしたように思うのだ。

もう年なんだから、「子どもに迷惑かけちゃおぅ、お世話になっちゃおぅ、甘えちゃおぅ」と気楽に老後を迎えると、いざその時が来た時、可愛いボケ老人にスムーズになれるのではないか……。変に頑張らないで、子どもたちに「もう少ししたら迷惑かけるかもしれないけど、その時はどうぞよろしく」宣言しておけば、子どもたちも親の老後について早くから考えたり、準備したりできるというもの。それは今後の自分自身の老後を考えることでもある。

こうして3年弱の通い介護を経て、2009年11月、大阪での同居がはじまる。ママ80歳、私48歳である。

そして本当の認知症の怖さは、これからはじまるのであった。

【オリジナル・ポストカード】

お出かけ先で撮ったママの写真をデザインし、ポストカードにして毎日送ったハガキは90枚。ママは、毎朝郵便屋さんを楽しみに待つようになる。

【天使ちゃんモード】

可愛いものとおしゃべりと美味しいものが大好きな可愛いおばあちゃんの時のママ。どのお店でも、面白いボケばあちゃんとしてちやほやされるのはさすが、笑いの街・大阪。

2章

楽しく笑って過ごせば大丈夫、小さな希望にすがった

「理想時代」

介護はアウェイよりホームが正解
大阪の街が、いい仕事をしてくれる

ママを大阪に引き取るにあたってのメリット。奈良と大阪の行ったり来たりがなくなり、ママからのしつこい電話攻撃がなくなり、他人様に迷惑をかけることがなくなり、ちゃんと食べているか寝ているかの心配がなくなり、目が届くところで見守れる。

奈良では、私が仕事に通うのが大変、私の知り合いや友達がいない、ご近所さんは認知症のママに迷惑顔で付き合いがない、周りは田んぼと国道と住宅の退屈な風景、近所の飲食店や社寺仏閣めぐりもそろそろ飽きた。それより夜が暗いのだ。9時頃には店が閉まる薄暗い町に、何か心細い気分になってしまい、私が全然楽しくない。以上、全て私の都合である。

デメリットは、認知症は長年住み慣れた家から、転居などで環境が変わると、症状がひどくなる場合が多いということだ。これは最大級のデメリットであるが、この期に及んで、「毎日楽しく暮らしていたら、認知症の進行を遅らせることができる」という主治医の話と、「笑えるハガキで認知症が治った」という実話の、小さな希望セットにすがっていた。

要は、楽しく笑って過ごせばいいんだ、と。

なんせ、これから暮らす北浜は大阪のど真ん中、キタやミナミは徒歩圏内、グルメにアミューズメントにショッピングはなんでもあり、繁華街、地下街、商店街、商業施設、おしゃれ系スポットから下町まで、個性的な街たちが日々の散歩や外食をより以上に楽しませてくれる。そしてなんたって、大阪は笑いの街なのである。楽しくないわけがない。

その後、懸念していた最大級のデメリットが、最大級のパワーで火を噴くのだが、それでも断然、アウェイよりホームである。あれから10年経った今、しみじみと思う、あの判断は正解だった。

離れて暮らしていた親子が、同居することになった場合、どっちのホームを取るか。自分の仕事やライフスタイルを守るため、自分の都合を優先した選択が正解なのである。親よりも長く、こっちの人生は続くのだ。そうそう認知症に合わせてばかりはいられない。しかし、やはり環境が変わることで、ママの脳の中は変容していった。

今だから思うことは、私がママの実家にいると退屈でつまらないと思ったように、ママも大阪の私の家では落ちつかない不安な気分を募らせていたということだ。大阪に来た当初は、一緒に暮らすことを喜び、散歩や外食を面白がり、お出かけも大好きで、私の普段の暮らしに溶け込んでくれたようにも見えたのだが、実はママはいつ家に帰れるのだろう、と思っていたようだ。これは認知症に限ったことではなく、楽しい旅行から家に帰り着くと、みんなこう言うではないか、「あ～、やっぱり我が家が一番」と。誰もが住めば都の自分の家が一番なのである。

案の定、しばらくするとママは猛烈な帰宅願望を炸裂させ、「帰る！　帰ります！　自分の家に帰りたいですっ！」と家を飛び出し、街をさまよい、奈良を目指した。それから常習的な徘徊ばあちゃんになるのだが、もし奈良の家で同居していたら徘徊はなかったかと言えば、あったと思う。

ママの居住地の歴史を遡ってみると、一番長く暮らしたのが奈良県大和郡山市、正夫さんの転勤により大阪府豊中市、香川県高松市、滋賀県伊吹山町と遡り、結婚して新居を構えたのが東大阪市長瀬、看護婦見習い時代は大阪市此花区、そして生まれ故郷が福岡県門司市となる。

最初の頃、ママが帰りたいのは47年間暮らした奈良の我が家だった。「自分の家に帰りたい」というのは文字通り我が家への執着だったが、しばらくすると亡き夫・正夫さんを生き返らせてしまい「父さんのご飯、作らなあかんから帰るわ」、「こんなに家をあけてたら、父さんに怒られるぅ」と、正夫さんとの二人暮らしの世界へ帰ろうとした。

それから大阪市此花区に執着が移った。此花区はママが大阪に出てきてはじめて暮らした場所で、看護婦見習いとして医院に住みながら勉強して試験に合格し、会社の医務室に就職し、そこで社員の正夫さんと出会い結婚する。此花区に何年住んでどんな暮らしだったのか私は知らないが、ママの青春時代だったことは間違いない。自分が看護婦さんであるかのように振る舞う妄想時期も長かったので、職業婦人として一歩を踏み出した自信と誇りに満ちた記憶なのだろう。

次に帰りたい場所は、生まれ故郷の門司なのだが、門司への執着は場所というより母親だった。「母さんに会いたいぃ、母さんに会いたいぃ」と80代のおばあちゃんがオイオイと泣くのである。生みの親を早くに亡くしたママは、新しいお母さんが来たことがすごく嬉しかったそうで、無邪気に慕うママを新しいお母さんもすごく可愛がってくれたそうだ。逆に言えばそれまでが寂しかったのだろう。新しいお母さんとの思い出は、ママにとっては宝物に違いない。

これがママを徘徊に誘う三大記憶で、もし奈良に暮らし続けていたとしても、認知症が進めば大阪市此花区に帰りたいと徘徊し、次は故郷の門司に帰りたいと徘徊していたわけで、どっちにしても徘徊はしていたと思う。

このように、深く記憶に残る出来事や思い出があり、その場所に帰りたいとママは徘徊する。明確なストーリーを持って徘徊するのだ。当時の私は、大阪から門司に帰ろうと一生懸命歩いているママを「なんて愚かで哀れなんだろう」と思いながら後をつけていたが、あの時「あ〜ちゃん（ママの幼少期の呼び名）、門司港行きの船はもう出たんやてぇ、明日帰ろうかぁ」と声をかけたら、望郷ストーリーの続きのまま、うまく家に戻せたかもしれない。

そんな臭い芝居が役に立つとわかったのはずっと後になってからで、そのためにも1章でも述べたように、親の思い出話をたくさん収集しておくことは重要なのだ。しかし、果たして私には徘徊してまでも帰りたい場所があるのだろうか。全く思いつかないのがちょっと悲しい。

さらに、アウェイよりホームの利点は、ママの膨大な所有物とあっさりオサラバできることだ。ママの家にあるものは全てがママの私物であり、ママの思い出でもある。こっちが不要なもの、捨てるべきもの、ゴミと判断しても、整理することさえ許されず一悶着となる。私がもし戻ったとしても、モノとの戦いが続き、心地よい住まいに変えることは難しかっただろう。

ただでさえママの相手で大変なのに、家に溢れる膨大なモノを片づけなければならない物理的な労力は、考えただけでも気が遠くなる。服だけでも洋品店ができるほどの量があるのだ。アウェイのデメリットは、このモノたちがもれなくついてくることだ。

さて、ママは私の家に身体ひとつでやって来た。時々奈良に帰って季節の衣替えはしているが、ママの私物は引き出し3段とクローゼットに少しのスペースで納まっている。私の家のたたずまいはママが来ても何も変わらず、くつろげる家としての価値をキープすることができた。ただ、奈良の実家はママが出ていった日のまま放置され、空き家問題になっているのだが……。

ママの認知症の一番やっかいな周辺症状は徘徊である。「帰りますっ、帰るんですっ、邪魔すんなっ」と言い出したらもう止められない、気の済むまで歩いてもらうしかないのだが、そこは大阪の街がいい仕事をしてくれた。

グルメにアミューズメントにショッピング、大阪の街には気が散る要素がたくさんある。暴言を吐いて出て行っても、子ども服のショーウインドゥを見て「可愛いぃ」と立ち止まり、散歩しているワンコには「可愛いねぇ」と声をかけ笑顔になっている。猛スピードで歩くママの肩をたたき「クルクル寿司、食べてみるぅ」「ドラ焼き、買って帰ろか」「ビール飲むから付き合ってよ」と声をかけると、パッと気分が変わり「そやね。せっかくの大阪やし、よばれよか」と乗ってくる。大阪には、安くて旨くて気安い店が多いし、ママがどれだけ歩いても店がなくなることはない。私一人の力ではムリであった「楽しく笑って過ごす」を、大阪の街がバックアップしてくれたのだ。

この後、ママの認知症はどんどんパワーアップしていくが、そのネガティブ・エネルギーを大阪の街と人と笑いがあっさりと飲み込んでいく。だから、介護はアウェイよりホーム、徘徊は田舎より都会だ。

ママとジェフ君、大阪の子になり不良ばあちゃんになっていくママ

そして、とうとう、ついに、2008年11月13日、ママはハンドバッグひとつ下げて、大阪の私の家にやって来た。先に大阪移住を果たしていたジェフ君は、久々にママに会えて大喜び、スリスリニャ〜ニャ〜と甘え、ママは「ジェフク〜ン、おまえ、ここにおったんかぁ。

おばちゃんに、さらわれて来たんやなぁ。可哀想にぃ、ばあちゃんと帰ろうなぁ」と感動の再会を果たした。おいおい。

それからの2ヶ月ほどは、ママを大阪の子にするための事務手続きで、私ら母娘は忙しかった。住民票を移したり、ママの取引銀行の住所変更をしたり、介護保険や健康保険の手続きで役所に行ったり、地域包括センターでケアマネージャーさんを紹介してもらったり、奈良の主治医に紹介状を書いてもらって、大阪の専門医を探したり、本人確認が必要なことも多いので、ママを連れて奈良と大阪を行ったり来たりする。ママは遠足気分で、「次、どこ行くのぉ。あんたの後、連いていったらいいんやね。はい、わかりました」と協力的だったのはラッキーだった。

さらに、ママに大阪ファンになってもらうために、大サービスをした。近所のバルやレストランやバーに連れて行って、私のシティ・ライフ&ナイト・ライフに付き合わせたのだ。どのお店も80歳のばあちゃんを大歓迎してくれるので、ママも生意気にビールやカクテルを飲むようになり、偉そうに恋愛論を語ったり、場違いに都々逸を唄ったり、素直に不良ばあちゃん化していくのだが、こんなにもお調子もんの性格だったとは……、次はどんな本性が暴かれていくのか……。

「私、娘に連れられて参りましたぁ。この子は不良で、酒飲みなんですぅ。私は田舎もんなんでぇ、何か不調法ありましたらお許しくださぁい」と口上を述べ、臆することもなく誰とでもおしゃべりする社交性にも驚いた。多分、ママを認知症とは気づかずにしゃべっていた人も多かったと思うが、「おばあちゃん、おいくつぅ？」と聞かれると、「45歳」という時もあれば「18歳」という時もあり、ボケかマジかわからぬまま大阪人は笑ってくれるのもラッキーだ。

ただ、お店の人に「こんな美味しいもん食べたのは、生まれて初めてですぅ。冥土のみやげに、いいもん食べさせて頂きました。ほんとに感謝申し上げますぅ」とか「あなた、ほんと、おきれいな方ですねぇ。目がきれいですぅ。心もお優しいのは目を見たらわかりますぅ」と歯の浮くようなお世辞をスラスラと述べるのには辟易したが、とにかく、目の前の人には、何かしらの愛想をふりまきたくなるようで、言葉を尽くして褒めちぎるのである。

これは認知症の周辺症状のひとつ多弁・多動（しゃべり続けて、落ち着きがない）のようなのだが、家で二人でいる時は、ママのマシンガン・トークやリピート・トークの集中攻撃を浴び、簡単な返事でやり過ごしてなんとか軽く流そうと苦労しているので、さっさと出かけた方がお互いが気分転換になるのだ。って、これって奈良でのママとの過ごし方と同じではないかって。いやいやここは大阪、なんたって私のテンションが違う。中央区、北区は庭のようなもんだし、大阪の人、店、地場、街のパワーが「楽しい」を後押ししてくれる。

実は認知症のばあちゃんを飲食店に連れて行っていいものか、最初はちょっと悩んだ。でも、飲み屋には、自慢する人、グチ言う人、偉そうな人、酔っぱらい過ぎな人、からんでくる人など、迷惑な健常者の客も多いし、認知症、健常者に関係なく、よい客か悪い客かは、個人の人間性の問題である。ママ・レベルのホラ話なら、飲み屋の戯言として許せる範囲であるし、ママが45歳とサバを読もうが、18歳と断言しようが、誰に迷惑をかけるわけではない。そして、認知症はよその人がいると、まともに振る舞う傾向にあるのだが、特にママは、人前ではいいカッコする傾向が強いので、外食は一石二鳥なのだ。

さらにママと店で飲んでいると「この辺に住んではるんですかぁ」とか「おばあちゃんは、おいくつなんですかぁ」と、特に若い男子がママに話しかけて来る。私が一人で飲んでいて声をかけられたことなどないのに、世間にはばあちゃんフェチが多いようだ。

もしママが認知症でなかったら、夜の外出など堅物主婦がするわけがなく、「あんた、女のくせに夜遅うまで飲んでぇ、何考えてるのっ。うちの父さんはきれいなお酒の飲み方やった。あんたはダラダラとだらしないっ。ちょとは歳を考えなさいっ」と説教を食らい、私は反抗して言い合いになり、険悪な空気になっていたと思う。認知症のおかげで、80歳にしてナンパされる不良ばあちゃんになったママに、あの世の正夫さんは悪酔いしていることだろう。

しかしこの期に及んでまだ私は「なぜ私は認知症のママを、自分の家に呼んで世話をしなければならないのか」という大命題の答えを見つけていなかった。認知症になってしまったママの困った状況や面倒に振り回されている内に、あれよあれよと大阪での同居がはじまっただけで、心の準備は白紙である。

ママがきつい鬼親なのを知っている友達は「よう、引き取ったなぁ」と言い、冷静な友達には「すぐに預かってくれる施設を探した方がいいよね」とアドバイスされた。なんたってママは、高校の時、私がタバコを吸っているのを見つけると学校に密告するような親なのである。孔子曰く「父は子の為に隠し、子は父の為に隠す」の反対を行く親なのである。子どもの頃の門限は18時で、少しでも過ぎると家にカギをかけ閉め出し、おもちゃを片づけないからとワンワン泣いて謝る私の目の前で、石炭ストーブで全てのおもちゃを焼き殺した鬼親で、高校生で門限19時、私用電話禁止の規制マニアなのだ。

ママと共に生きる意味を見い出せないまま、「楽しく笑って過ごす」というテーマで強引に突っ走ってきたが、私の中では「楽しくないとやってられない」という裏テーマがくすぶっていた。

めんどくさくて腹立たしく、不愉快で迷惑で、理不尽で異常で、でたらめで身勝手な生き物と、どう生活したらいいのか。親なんだから面倒を看るのは当然だ、という正統な理屈は通用しない。私が戦っているのは認知症という病気であって、老いた親の世話ではないのだから……。

認知症の中核症状の障害がどんどん進んでいくので、せっかくよい生活サイクルができても、すぐにまた新たな一手、次なる作戦が必要になってくる。なんとなく負け戦になるようなイヤな予感がする。これって私自身の忍耐との戦いではないか。ママの老後は、私次第ということではないか。いったいどんなスピードで認知症が進むのか……先が見えないので作戦の立てようがない。

爆睡しているママを横目に、パソコンで介護つき老人ホームを調べていた。どこかに逃げ道はないか……。ママが認知症になった意味、私が認知症の世話をする意味……、パソコンで検索するワードが見つからない。先行き不透明なママはほっといて、ジェフ君には「おまえの面倒は最後まで責任持つから、ジェフは安心していいからね」と固く約束する。

色んな人から智恵を授かり認知症もひとつの個性と思うことにする

うちはメゾネット・マンションで、9階を住まい、10階をギャラリーと事務所にしているのだが、玄関ドアを開けるとすぐ部屋で、バリアフリーのオールワンルーム。吹き抜けの階段で上下がつながっているから夏は涼しいが冬は寒い、およそ年寄り向きではない住まいだ。唯一ママのために実家からコタツを持ってきたが、コタツがこんなにも幸せなモノだったとは。これは大正解だった。さらに、10階はギャラリーだから人の出入りも多く、オープニングパーティもするし、9階の住まいも友達が遊びに来ては遅くまで飲んでいたりする、およそ年寄り向きではないライフスタイルでもある。

良識ある友達は、「こんな部屋で年寄りが落ち着けるわけないやん。このソファーの奥のスペースを個室にして、お母さんの部屋にしてあげたらぁ」とアドバイスされたが、ママは大人しく個室でお茶を飲んで猫をなでているようなタマではない。しかし、このおよそ年寄り向きではない住まいとライフスタイルが、認知症にはとてもよい環境だったのだ。

さて、ママがうちにやって来て初めて、ギャラリーでの催しがはじまった。ママは9階にいても、ギャラリーにお客さんの声がすると自ら階段を上って来ては、「私、この子の母でございますぅ。娘がいつもお世話になってますぅ」と丁寧に挨拶をする。うちにはオープン以来、看板猫のクーがニャ〜ニャ〜と好き勝手にギャラリーに出入りしていたので、ばあちゃんが増えてもそれはそれでいいのだが、問題はママが認知症らしい異常な言動に出た時の対処法である。

ママは常に変な言動をしているわけでなく、普通にちゃんと対応できる時もあるまだら状態だったので、最初はあえて認知症とは言わずに、作家さんや常連さんには「母です。同居することになりました」と紹介した。今までのママを観察していると、誰か人がいる時は普通に振る舞うというか、いいカッコするというか、上品なマダムぶるのである。これも認知症の症状のひとつで、よその人の前ではまともに体裁を整える傾向にあるので、ママの対応力にまかせることにした。もし暴走したら、「すみませ〜ん、母は正真正銘、ほんまもんの天然ボケなんです」と謝ることにしたが、このオチはその後、何十回も使うことになる。

元々、ママは勤労意欲も旺盛な人なので、ギャラリーのお手伝いを頼むとすごく喜んだ。「はい、働かせてください。私、ど〜したらいいのぉ。いらっしゃいませって、言ったらいいんですね。はい、わかりました」と大いに張り切り、座っててもいいよと言っても、「いいや、お客さんに失礼です」とずっとフロアに立っているプロ意識はすごいのだが、お客さんが来ると「娘がお世話になっておりますぅ」と挨拶するのだ。「ママって、違うって、いらっしゃいませ、でしょ」と何回注意しても「娘がお世話になっておりますぅ」と挨拶するので、「あっ、私が娘です」と言い足すという、へんなウェルカム・ギャラリーとなった。

ところが最初はギャラリーのお手伝いを「させてもらう」と言っていたのが「してあげる」になり、最後は「させられている」と変化していくところが、さすが問題スタッフ。そして「私、奈良からここに連れてこられて働かされているんですぅ。知らない人や知らない場所で、どうしたらいいかわからないんですぅ。ここの怖いおばちゃんが、働けって怖いんですぅ」とお客さんに助けを求め、自ら自爆してしまうのだ。スタッフどころか、ただのボケばあちゃんになってドボンである。

ママがほんまもんの天然ボケであることを知ると、「実はうちにも90歳のがいるんですよ」や「旦那の両親と自分の両親の4人分、看ましたよぉ」や「うちのばあちゃんがそうやったんです、母が苦労してました」とか「寝たきりなんですが、もぅ口がうるさくて、スイッチ切りたい」とか、作家さんやお客さんのカミングアウトがはじまった。

さらに、おばあちゃんが認知症だったという孫世代の若い人たちが、ママの扱いがものすごくうまいのに驚いた。子犬のようにクンクン懐いていくママを、めんどくさがらず気長に優しく相手をしてくれるのだが、「子どもの頃からおばあちゃんを看ていたんで、慣れてるだけなんです」だそうだが、子どもの頃に認知症に接した経験から、ママを尊重しつつ自然に遊ばせるという高度なコミュニケーション力と人間力を自然に身につけているのだ。こんな若人が増えれば、日本も平和になっていくだろう。飲み屋で、おばあちゃんフェチが多いなんて言って、ごめんなさい。

今思えば、認知症の脳はボケボケかもしれないが、人を見抜くカンというか本能は衰えてはおらず、むしろ発達していたかもしれない。

私は丁度、ママに優しくしてもソンするだけと思いはじめていた頃で、どうせ認知症だからどうでもいいやと思う部分と、ちゃんと対応できるかどうかは私の人間性の問題でもあるという混乱の時期だった。48歳の私は、ぞんざいな態度の方が勝っていたと思うが、私もママ同様にまだら状態だったのだ。

そこに神対応の若人や作家さんやお客さんが現れ、ママは見事にスリスリしていくのであるが、そんな人たちから、「よそのおばあちゃんには、優しくできるんですけど、自分の身内にはけっこうきついんですよ」と言う言葉を聞くと、「そうか、みんな身内には辛口なのか。家庭内での様々な試練や葛藤があってこそ、今の優しさがあるのか」と思う。人に優しくと口では言うが、それをさらりと実行できるのは、そんな場数を踏んでいる人だからなのだ。認知症介護は、全くの不毛の労働だと思っていたが、それでも何かこれから得るものがある、と思うようにした。

こうしてギャラリーを運営しながらママとの同居を成立させるという二重生活がはじまった。一般的にけっして交わらない認知症業界とアート業界だが、認知症のシュールな妄想や異常な言動と、発想、想像、創作を必要とする作家さんの自由な脳とは、ちょっとカブっているかもしれない。

とはいえ、ママは問題スタッフなので、ギャラリーが飽きると住まいの9階に戻ってジェフ君と遊び、またギャラリーに上がってきては、「ちょっと散歩に行ってきます」と出て行って、すぐに「ただいま帰りました」と戻ってきたり、帰りが遅いなと思っていたらお客さんに「外を一人で歩いてはったんで、連れてきました」と同伴されたり、落ち着きなく外と内をウロウロしてはヒヤヒヤさせ、1週間の会期を終えるのであった。

ただ、ギャラリー会期中に外に出かけても、自力で戻って来られた頃はよかった。しかし、出かけたら1時間、2時間と行方知れずとなり、警察からの電話でお迎えに行くことが増え、ついに出たら最後、確実に迷子になるようになると、ギャラリーの閉店までは外に出ないように、ママをなだめなだめの店番はヘトヘト、クタクタになってしまうのだ。しかし、作家さんや常連さんが、ご機嫌斜めのママを散歩に誘ってくれたり、飛び出して行ったママを追いかけてくれたり、警察へ行っている間、店番をしてくれたりと本当に助けられたのである。心からの感謝しかない。

認知症は、誰かよその人がいると、普通に振る舞う傾向にある。ギャラリーはお客さんの出入りも多く、パーティや飲み会では大勢の人たちで賑わうので、認知症のママを普通でまともな状態にキープしておくにはとてもよい環境だったわけだ。

そう、ママをこっちの世界に引き留めてくれたのは、うちに集ってくれる人の力だったのだ。こんな他力本願な方法で、綱渡りのような日々を過ごしていたが、私には他に手札はなかった。

お客さんはギャラリーに日常とは違う作家さんの世界観を求めてやって来る。だからママのインパクトは余計なものなのだが、逆に言えば、健常者もLGBTの人たちも障がいのある人も猫もちょっと心が病んでいる人も、色んな人が集うのがギャラリー、認知症もひとつの個性なのだ、と思うことにした。

ところで、お客さんがいない二人だけのギャラリーでは、ママは退屈し不安になり、嘆き怒り興奮して私に当たり、怒鳴り散らす修羅場となり、私はもう、とほほな気分になるのだった。あ〜。

妄想劇場の主なモードは6種類 ママの脳内で起こる迷惑スイッチ

知らないよその人がいると、いいカッコしてまともを装うママだが、それでは私と二人きりの普段の生活ではどうなのか。認知症の人は、身近な人ほどダイレクトに感情や気分をぶつけるそうだが、多分ママにとって私は、先生で家政婦で秘書で友達で自分を守ってくれるいい人であり、また、泥棒で悪党で自分閉じ込め見張り命令する怖い人でもあったと思う。

この頃のママはまだら症状で、普通に会話ができて物わかりのいい時もあれば、急にスイッチが入ると、常人には理解不能の妄想劇場がはじまった。最初は何がスイッチなのかわからなかったが、観察によりいくつかのカテゴリーが見えてきた。しかし、ママの脳の記憶の配線は、健常者の私の理解をドラマチックに超えたものだったので、こっちも自分が健常者であることを忘れ、ママの妄想の迷宮に付き合うしかない。認知症は手強かった。

最初のスイッチは、【帰る帰るモード】である。昼間はなんとなく1日が過ぎていくのだが、夕飯を食べ終わって空が暗くなりはじめると、「ごちそうになったね。ありがとう。さっ、そろそろ帰りましょうかね」と立ち上がるのだ。元々「ちょっと大阪に遊びに行こか」と軽く誘ってここに連れて来たので、ママは大阪移住を納得していない、というか記憶していない。だから「あのぉ、すみませんが今日はここに泊めて頂けないでしょうか。なんか暗くなってきたので、怖くなってきました。えっ、いいんですかぁ。わぁ〜、よかったぁ。お金はいらないんですかぁ。あぁ〜安心しました。ジェフ、おまえもここに泊めてもらおうなぁ」と本日の宿泊予約をしてお泊まりする。ママの脳内感覚では、泊まり続けている延長宿泊者であって、居住者ではないのだ。事実、ほんの少し前まで「え〜っ、私、ここに10年もおるのぉ。ちょっとそれは信じられませんねぇ」と言っていた。

さて、ママの脳内感覚としては、泊まりたい日もあれば、帰りたい日もあるわけで、この帰りたい日が問題なのだ。一般的に認知症の女性は夕方になると落ち着かなくなるそうで、家族が帰宅して夕飯の準備などで慌ただしくしていた主婦の生活記憶が、じっとしていられない衝動に駆り立てるようだ。

ママも夕方になると「暗くならないうちに、そろそろ帰るわ」とバッグを探し出すので、こっそりバッグを隠し、「それより、晩ご飯食べてから帰ったらぁ」と座卓に料理を並べて気を散らすのである。そして夕食を食べ終わった頃には外は真っ暗で、ママは心細くなって宿泊予約をするというのが美しい流れである。ここで重要なのは、部屋の照明を薄暗くしておくことで、「もう夜なんだ」と思わせることである。ラッキーなことに、うちは元々白熱灯の間接照明なので部屋は薄暗く、窓から見える高層ビルのポツポツとした灯りが、夜が夜であることを際だたせる。ママは本来けっして夜は出歩かない堅物なので、「暗いしぃ、怖いから、もう泊まらせてもらいましょうかね」というパターンで落とせるのである。

しかし、この作戦が有効だったのは、日が暮れるのが早い冬期で、19時頃でも明るい夏場になると、【帰る帰るモード】は本来の機動力を発揮し、ママは西陽が眩しい街に飛び出していくのだが、その前にこんな問答が繰り広げられる。

「あんたには、ほんま世話になったなぁ。そう迷惑もかけられへんし、そろそろ帰ります」

「今日はうちに泊まったらいいやん。もう遅いしぃ、明日、帰ったらぁ」

「いや、そんなわけにはいきません。明るいうちに帰るわ。ジェフ君が待ってるしぃ」

「ジェフはここにおるやん。ジェフ君もここがいいんやてぇ、ニャ～ァ、ジェフゥ」

「エェ～ッ、ジェフまで世話になってるの。そりゃあかんわ。ご迷惑をおかけしましてすみません（ペコリ）」

「いや、なんも迷惑なんかかけてないから、おってくれたほうが、ありがたいです」

「いいやっ、父さんが帰ってくる。ご飯の準備せなあかんしぃ、帰らな怒られますぅ」

「いやいや、父さんは死んでるから、心配せんでもいいわ。誰もいない暗い家に帰ることないやん」

「あんた、おかしなこと言うねぇ。家庭の主婦が家をあけたりは、いたしません」

「いや、だからぁ、明日、帰ったらいいやん。ほら、もうすぐ真っ暗やん。夜は怖いでぇ」

「夜やから帰らなあかんのです。私には自分の家があるんです。私が自分の家に帰るのが、何が悪いの」

「今からやと1時間半もかかるし、満員電車やし、ママ、地下鉄の乗り方、わかってるぅ？わからへんやろ」

「アホなこと言わんといて、バカにしたらあかんよ、電車道をまっすぐ行って、市電に乗ったらいいんです」

「ママって、大阪に市電は走ってないから……、電車は地下を走ってるから、ママにはわからへんって」

「わからへんかったら人に聞いたらいいんです。口があったら帰れます。ほな、さいなら」

「ちょちょちょ、ちょっと待ってよ。そしたら、その電車道まで、送るわ」

「けっこうです。あんたはここにおりなさい。私は自分の家に帰らせて頂きますっ」

これらの会話には、これからオンされるママの脳内スイッチの様々な要素が含まれており、妄想劇場のプロローグのようなものである。で、どのスイッチが入るかは、ママの脳内気分次第なのだが、代表的な妄想モードをまとめてみた。

まず、ジェフ君を話題にしている時はまだまともな状態で、現にジェフ君はママの足下でゴロニャンしては「ばあちゃん、帰らんと、ここにおろニャ〜」とナイスなストッパー役を果たし、ママを優しい気分にしてくれるのが【ジェフ君モード】である。ママが不穏な雰囲気になってきたら「ママァ。ジェフ君がブラッシングしてぇって、言ってるよぉ」と、ジェフを膝の上においてあげると「ジェフゥ、おまえはばあちゃんが好きかぁ。そうかぁ。あの怖いおばちゃんとこには行ったらあかんでぇ。殺されるでぇ」と気分が変わってくれるのである。【ジェフ君モード】のスイッチが入ればママはご機嫌になり、かつては成功率も高かった。

ママが最も心の拠り所にし、私にとっては最もたちが悪いスイッチが【迷惑かけたくないモード】だ。迷惑をかけたくないという、至極もっともで王道の理由を切り崩すことは、ものすごく難しい。家から出て行かれることがものすごく迷惑であることをいくら説明しても、ママはここにいることが迷惑だと思っており、ここにいても迷惑ではないと言うと、だからこれ以上迷惑をかけたくないと言い張り、すでに強固な迷惑をかけたくないという意志をさらに頑なにしていくのだ。これでは【迷惑かけたくないモード】にエネルギーを与えているようなものだ。

そしてママは7年間で日本列島を縦断するほど徘徊をするのだが、その原動力の40%は【迷惑かけたくないモード】が支えだったと思う。

ただ、この【迷惑かけたくないモード】は諸刃の剣で、「迷惑やないからずっとおったらいいやん」と言うと、「ほんとにぃ、私、ずっとここにおっていいのぉ。ありがとう、グスン。ほんまに、ありがとうぅ。これからどうしようかと思っててん、ほんま、嬉しいぃ」と、泣きながら喜ぶこともある。

さて、この迷惑という思いが、なかなかくせ者だ。迷惑かけたくないという思いが原因で起こる大迷惑な事件は健常者にもよくある話で、迷惑をかけまいと身体の辛さを我慢して大病になるとか、お金の迷惑をかけまいとしたムリな仕事で借金を作ってしまうとか、愛する人に迷惑をかけないためにやらかす本末転倒な出来事はドラマや小説にもよくある話だ。

この「人様に迷惑だけはかけないように」という教えは、日本人の精神に深く刷り込まれているようで、実は私もその罠に陥りかけたのだが、この介護と迷惑については、終章で詳しく述べることにする。

最も認知症らしいおとぎの国の妄想スイッチが、亡くなった人を生き返らせてしまう【ゾンビ・モード】である。最初に生き返ったのは、夫の正夫さんで、「父さんのご飯作らなあかんから帰るわ」「あかん、父さんに怒られるから帰らなあかん」「こんなに家をあけたのははじめてやわぁ。父さん、怒ってるやろなぁ」と言いだし、その後、【帰る帰るモード】に突入する。しかし、ある時「すみませ〜ん、ちょっとご相談があるのですが、聞いて頂けないでしょうか。実は私、父さんと離婚しようかと思ってるんです」と言い出した。認知症のせいではなく、80歳のママの本音だとしたら、あの世の正夫さんはバツイチということになる。

さらに、ママは自分のお母さんを生き返らせ、同じく亡くなっているママの姉のかずえ姉さん、次女のかめちゃんなど故郷の門司の女たちを次々に生き返らせていった。この【ゾンビ・モード】の場合、ママは会いたい人に会えないわけで、自分は人さらいにあった被害者となり、その犯人を私にするというサスペンス仕立てとなる。

近所の交番に「助けてくださぁいぃ。私、門司からこの女に無理矢理連れて来られたんですぅ。この女は人さらいなんですぅ。監禁されていたのを逃げて来ましたぁ。この女を逮捕してくださいっ。助けてくださいぃ。母の所に返してください。お願いしますぅ」と助けを求めに行くが、交番のお巡りさんはもう慣れているので、「娘さんじゃないですかぁ。おばあちゃん、もう家にお帰りぃ」と言われ、「あかん、ここはあかん。グルや、ここも悪の巣窟や」と吐き捨てて、逃げるように街を徘徊するのである。

ママの脳内は悪党に追いかけられている乙女なので、通りすがりの人に「助けてくださぁ〜い。悪い奴に追われてるですぅ」と助けを求めるのだが、おばあちゃんに迫られて、

「えっ！」とびっくりする健常者の方々からしたら、ママが得体の知れないゾンビに見えたことだろう。ほんとに怖い思いをさせてしまった。

会話に市電や梅田新道が出てくると【此花モード】の登場となる。今はＵＳＪで有名な此花区だが、ママは戦前戦後の過去に遡って、自分の青春時代にいきなりバック・トゥ・ザ・フィーチャーする。ママの脳内には梅田新道から市電が走っていた頃の風景が映し出されるのだ。

人に道を聞いたりして梅田新道までは歩いてたどり着けるのだが、ものすごい人並みの中、足早に歩く人に声をかけるタイミングが見つからず途方に暮れ、現在の梅田に昔の記憶の点と線を結びつけようとしているママは、パーフェクトな迷子とも言える。

で、ママは此花区に行けなかったかというと、行ってしまうのである。タクシーに乗って。おばあちゃんがポツンと立っていたら車が止まりドアが開き、ママが「此花区四貫島」と告げると、今の点と線がつながってしまうのだ。ただ、最後の着地点がわからず、お金もないので此花警察署に連れて行かれる。ママは、バッグや靴、服のポケットなどに迷子札をつけているので、私に電話がかかってきてお迎えに行くというパターンだ。【此花モード】

の場合は、タクシーの運転手さんと此花警察署の皆さんに確実にご迷惑をかけ、タクシー代もかかるし、迎えに行って帰るのに2時間はかかるという問題の多いスイッチである。

そして、「お世話になりました」と警察署を出ると、ママは街の住所標識のプレートや看板に春日出や四貫島や梅香などの見知った地名を見つけてしまい、過去と現在の点と線を無理矢理結びつけて街を歩きはじめ、知らない人に「こんにちは」と声をかけ、まるで地元を歩いているように振る舞うのだ。

そのあまりにわざとらしいお馴染み感を出した芝居に、誰かが「あれっ、酒井さんやないですかぁ。おひさしぶりですぅ」と声をかけてくれる奇跡を願ってしまうほどなのだが、そこは大阪、見ず知らずのおばあちゃんでも5人に1人ぐらいは「こんにちは」と笑顔を返してくれるので、ママはしたり顔でズンズン歩いていく。全く土地勘がない街で、幹線道路や商店街や狭い路地や河川敷を知ったかぶりで歩いていくママの後ろ姿を追いながら、ママの頭の中は点と線がつながっているのか、もうプツンと切れているのか……、そしていつのまにか二人とも迷子になってしまうのである。

おもろうて　やがて悲しき　此花モード

代表的な認知症の周辺症状のひとつであり、最も健常者の精神を蝕んでいく認知症介護者の嫌われものが【リピート・モード】である。これは同じことを何回も何回も聞いてくるというもので、一見地味な症状なのだが、これをもう毎日毎日やられるとボディブロウのように効いてきて、【リピート・モード】がはじまりそうだと思っただけで、キュっと胃が重くなってしまうほどだ。

金魚がせまい金魚鉢で過ごせるのは、金魚の記憶力が3秒で、同じ風景をいつも新しい風景として見ていられるからだそうだ。【リピート・モード】に入った時のママの記憶力も10秒ぐらいで、すぐにすっぱりきれいに忘れる。だから本人はずっとはじめて聞くことなので、平気で何回も何回も同じことを聞いてくるのだ。こっちは何回も何回も同じことを聞かれたことを覚えているから、猛烈にめんどくさい。いや、健常者にとって、同じことを何回も何回も聞かれるのは拷問に近い。「ママって、その質問、１００回目やでぇ」と言うと、大真面目に「認知症なんやから、しかたないやん」と認知症のママにごもっともなことを諭され、さらに絶望的な気分になるのだった。

認知症の最も顕著な中核症状は記憶障害で、まさに忘れていく病気なのだが、【帰る帰るモード】【ゾンビ・モード】【此花モード】は、異常な言動であってもその原因が分かるので、こっちもなんとなくママの脳内のストーリーを理解できる。ただ、【リピート・モード】は、忘れ方の質が違うのだ。あまりにも単純で、人間離れしていて、バカらしく、健常者はどう頑張っても金魚の気持ちにはなれないから頭がおかしくなる。

あまりに同じ愚問が続くのにうんざりして「なぁママ、ほんまに忘れたん？　わざと忘れたふりして、おちょくってんのとちゃうん？」と聞くと、「なんで私があんたをおちょくらなあかんのよっ。教えて欲しいから聞いてるんやないの。お願いやから教えてちょうだい」と真剣に迫ってくる。ママはマジなのだ。こっちが答えるまで絶対に引き下がらない。それが「あんたの親は、どうしてはんの？」というアホらしい質問でも。

そして、ついに対抗策を思いついた。認知症の得意技である忘れることを大前提に、忘れることを大いに利用する作戦である。何を言っても10秒で忘れるなら、こっちも同じようなことを言ってもなんの問題はないわけで、ママの【リピート・モード】に対して、口だけで適当に答え、【リピート・モード】を【リピート・モード】で相殺するという作戦だ。

例えばこんな感じ。ママが私に聞く。

「なぁ、なんで私、帰ったらあかんの？」「ここにおった方が安心やから」「なぁ、なんで私、帰ったらあかんの？」「ジェフ君もここの子になったから」「なぁ、なんで私、帰ったらあかんの？」「ここはご飯があるから」「なぁ、なんで私、帰ったらあかんの？」「もう寝たほうがいいから」「なぁ、なんで私、帰ったらあかんの？」「帰っても、誰もおらんから」「なぁ、なんで私、帰ったらあかんの？」「大阪の夜道は怖いから」「なぁ、なんで私、帰ったらあかんの？」「一人では家まで帰れないから」「なぁ、なんで私、帰ったらあかんの？」「ママの家は遠いから」「なぁ、なんで私、帰ったらあかんの？」「明日、帰ったらいいやん」「なぁ、なんで私、帰ったらあかんの？」「だから明日、帰っていいわ」「なぁ、なんで私、帰ったらあかんの？」「帰ったらいいやん」「なぁ、なんで私、帰ったらあかんの？」「だから、もぅ帰っていいって言ってるやん」「なぁ、なんで私、帰ったらあかんの？」「だからどうぞ、好きに帰ってください」「なぁ、なんで私、帰ったらあかんの？」「だから、とっとと帰ったら」「なぁ、なんで私、帰ったらあかんの？」「はいはい、バイバイ、さようなら」……。引き続き、ママの質問が終わらないようなら、こちらも繰り返しの【リピート・モード】に入る。そしてまたママが【リピート・モード】を続けるようなら、こっちも【リピート・モード】に入り……。でも、健常者はバカのひとつ覚えができないので、やっぱり、【リピート・モード】は猛烈にじゃまくさいのである。

そして最後は、認知症周辺症状の中でも、迷惑レベルのトップに君臨する【徘徊モード】である。うちのママはこれに認知症人生のほとんどを費やし、約7年間で約3000キロを歩き倒した。この【徘徊モード】については4章で詳しく述べることにする。

以上、ママとの同居がはじまってまもなくすると、【帰る帰るモード】【ジェフ君モード】【迷惑かけたくないモード】【ゾンビ・モード】【此花モード】【リピート・モード】などの認知症の周辺症状を知ることになるのだが、その後、【悪魔ちゃんモード】【極道の妻モード】【徘徊モード】、そして愛すべき【天使ちゃんモード】など、新しいモードが現れては消え、組み合わされては進化し、しのぎを削っていくのである。そして、全てのモードを燃やし尽くした時、ママの脳内では新しい世界がはじまっていく。

認知症でも、とっても普通でまともな時もある

ママは結婚以来、欠かさず『主婦の友』の付録の家計簿をつけていたのが自慢だったが、50年は続けていた習慣も奈良暮らしの最後の年、2008年で終わろうとしていた。大阪にやって来た2009年、ダメ元で主婦の友の付録の2009年家計簿に、日記代わりに心に残ったことを書いてもらうことにした。

約2ヶ月ほど簡単な日記をつけていたが、2月21日を最後に何も書かなくなった、というか、もう出来事を思い出したり、文にしたり、文字を思い出すことができなくなった。わずか2ヶ月で、【できないモード】が増えたということだ。

ママが書いた日記を読むと、単刀直入な文がママの心境をよく表している。こんな可愛い日記をつけているおばあちゃんが、突然、異常言動のモードに入ってしまうのだ。お出かけ大好き、外食大好き、おしゃべり大好きな普通のおばあちゃんが、異常な妄想劇場をやらかしているママと同一人物なのである。同一人物だから、世話をする家族は困ってしまうのだ。可愛らしければ優しくもできるが、憎むべきやっかいな存在の時に、我慢できるか、苛

立つか、怒るか、無視するか、逃げるか……こちらの人間性が問われるから、ものすごく葛藤してしまう。認知症は、健常者にやりたくもない精神修行を強いる。

それにしてもパンやおやつの記述が多いママの日記、幼稚園児レベルだが楽しそうだ。
※そのまま記載しているので誤字もあり。

２００８年
12月29日　もちつき大会　楽しかった
12月30日　天神橋商店街　正月用買い物　ヒルお好み焼きよばれる
２００９年
1月1日　一日中家におる　寒い正月
1月2日　御霊神社参る　正彦君の家族と一緒にゲームセンターに行く
久振りにたのしかった
1月3日　阪急デパート買い物　昼すし
1月4日　四時より新年会　みなさんで魚鍋　ワイン1本

1月5〜7日　章子泊まる

1月8日　特記すべきこと無し

1月9日　やけくそ昼まで寝る　5時よりスペイン料理

1月10日　アコちゃん猫のエサ買い　私一人留守番　お巡りさん所行く　かってに出てとおこる

1月11日　堀川戎　今年最初のお参り　章子の所泊まる　1日中ネル

1月12日　天神様のお祭り　久子さんと康子さんと

1月13日　朝　奈良に行く　柿崎クリニック　石上神社　パスタ　夜鍋

1月14日　朝ぞうすい　ヒル外食しゅうまい定食　夜ナシ　午前中市役所　夜テレビの映画観る

1月15日　耳鼻科でみくそ消毒　おやつブドウパン　久振りのパンおいしい　夜焼きそば　おいしい　章子の所でねる

1月16日　午後に温泉に行く　快適　あき子いなくなりべそをかく　おすし行き買い物つき合う　ジャムパン　ブドウパン　コーヒーおいしい　温泉楽しかった　章子の大阪の家で泊まる　運命カワル

1月17日　あっこの友達4人で鍋　若い子は可愛い　自分のいたらないことでおこられる　章子ちゃんゴメンネ　気をつけますから

1月18日　玄米ごはんよばれる　夜　お腹がすき柿頂く　帰る帰ると　明子ちゃんを困らせる

1月19日　今日のチャンコ鍋とてもおいしい　毎日頂きたいぐらいです　ありがとう　食事の後オードリーヘプパンの映画を見　寒い風冷たい　クーが外に出たがり仕事のジャマをして章子におこられる　三回おこられる

1月20日　章子ちゃんの事務所でおしゃべり　楽しかった　ネコ3匹よくねる　朝食後ママもねる　章子の大仕事広いので大変だなあ　掃除する

1月21日　朝から雨　洗濯物たたむ　ストーブでかわかす

1月22日　梅田にサンポ　観らん車に乗る　雨で遠くが見えない　ラーメンあまりおいしくない　阪急デパート散サクスルがツカレタ　帰りは地下鉄乗る　雨ドシャブリ

1月23日　夜　野菜のスパゲテイ　酒のみ3人　話おもしろい　オヤツあんぱんとおいしいお茶　満足だ

1月24日　パーティなので章子と料理つくる　お客様11人来場　三時より盛り上がり
おしゃべり　おやつの差し入れ有　たのしかった　章子よっぱらい久振り
によくしゃべる

1月25日　大そうじ　昼ごはん　とんかつ定食よばれる　とてもおいしかった嬉し
かった　有がとうございます　夜食サンドイッチとてもおいしかった　朝
少し雪降る　晴天　大阪の子になる

1月26日　レイサービスの人と打ち合わせ　リエちゃん遊びに来る　お巡りさんの所
に遊びに行く　歯医者行く　天気くもり空　寒い

1月27日　朝ブロに入る　晴れ　九時より放浪するので早く帰って来る

1月28日　晴れ　さわやか　章子の家におる　新天地始まる　どうなるか楽しい
オヤツクリームパンおいしかった　おとうふサラダ　スパゲテイおいし
かった

1月29日　今日　そよ風さん　始めて参加する　お金出金ナシ　始めての冒けん成り
始めての為　少し気持こうふんする　送り迎えしてくれて　五時に帰宅する

1月30日　朝ハそよ風さん　とてもたのしくおもしろかった　又行きたい所のひとつ

晴　スペイン料理行く　2回目おもいだす　おいしいワイン頂く　イカと
イワシおいしかった　早く寝る　良い夢現る

1月31日　大阪城公園　梅見に行く

2月1日　40階のマンションから大阪を見る感激　ごちそう　夜を一望する　ワン
ちゃんと遊ぶ　夜10時まで遊ぶ　ありがとう　とてもたのしかった

2月1日　ひる風呂はいり頭脳快生なり　さすがに昼まで寝る　でもたのしい日

2月3日　血液検査有り奈良に行く　薬5週間分　市役所に手続きの相談　奈良の家
で庭掃除　電車にて　千日前　ラーメンぎょうざおいしかった

2月4日　やっぱり一人はこわいのでアコちゃんの所に行き　御飯やオヤツ気をつけ
てくれてうれしいので　時々は外食すると大阪はやっぱり喰道楽だ　一ヶ
月分の薬もらって来る　章子二月分の食費渡す　安心する

2月5日　家に帰りたいなあ　言えばおこられるかな　無理とは分かっているが　他
人の家は落ち着かない　おひる御飯　大阪城公園にてアイスクリーム　東
大阪迄歩く　ハイカイする？　4時間歩く

2月6日　天六にネコのエサ買いに行く　章子ちゃんのギャラリーの封筒くばる手伝

う　ピザおいしかった

2月7日　1時よりギャラリオープン　色々な人とおしゃべりする　五〇人お客様宅
京都ちゃんの差し入れチョコパン　クー行方不明　七人のサムライ　テレ
ビ見る

2月8日　あさよがマンガの主人公になる　アハハハ　ホホホホ　ギラリーの店ばん
をして客の様子を見学する　スペイン料理　章子におごってもらう　ホホ
久振りの外食おししかった

2月9日　朝10時よりそよ風さんいき　おやつ菓子パン　昼食は友達　食事たのし
かった　1日遊ぶ　朝全員運動する　頭洗って気持ち良し

2月10日　10時そよ風さん出発　カルタ　ヒナ人形制作　大きな風呂に入る　ギャラ
リー店番する

2月11日　朝オムライス　モヤシスープ　ヒルオムライスのこり　夜ビール少々
りえちゃんワンコ共に来る　お父さんが三味線をひく　たのしかった　今日
よりギャラリー　ガンバルカナー　ギャラリーのお客様とおしゃべりする

2月12日　朝ぞうすい　そよ風行く　事務所で和さん来る　おみやげシュークリーム

頂く　今日も一日充実したたのしい一日だった　泊まる

2月13日　春一番の風フキ楽しい日が来た　昼よりギャラリーの店バン楽しい

泊まる

2月14日　小島さん苗村さん来てくれてお茶

2月15日　章子の仕事のじゃましておこられる　2回　アコに家泊まる

2月18日　家出人で帰る所　ラーメン食べる

2月19日　康子ちゃん来宅　スパゲテイ　ゴチソウなる　夜おそく迄　旅がたのし

かった

2月20日　朝がパンとスープ昼ごはん親子丼　午後より道迷い章子に来てもらう

家にかえる道迷う　章子の所に泊まる

2月21日　3時よりギャラリーオープン　クッキーオダンゴ等色々頂きたくさん

たべる　皆で阿部家の件でイケンをイウ　夜10時までサービスする

２００９年は、認知症元年
まともな生活と異常な事態のまだら状態

ママとの同居がはじまった２００８年11月13日から約２ヶ月間は、朝から晩までママと一緒で、24時間耐久レースのような日々を送っていたが、要介護3をもらいデイサービスが決まり、２００９年1月29日、ママは送迎バスに乗っていなくなった。

やったぁぁぁ、ママがいないぃぃぃ。ヤッホ〜、私は自由だぁ〜。私は久々に自転車に乗って、大阪の街中をかっ飛ばした。なんという開放感。確か18歳の時に家を出た時も、ヤッホ〜、私は自由だぁ〜と、歓喜したが、30年の時を経て再びママからの解放を喜んでいるとは、なんという因果か。18歳から30年間、自主独立を目標に色々な仕事を頑張って手に入れた自由が、ママごときの外圧でへなちょこになってしまうとは……、今はもう、デイサービスの力なしでは私の自由が確保できなくなってしまったのだ。18歳の家出のバチが当たったのか……、いや、ママが復讐に戻ってきたのか……。

ラッキーなことにママはデイサービスを大変気に入り、ものすごく楽しみにお迎えを待つようになった。「なぁママ、そんなにデイサービス、楽しいの？」と聞くと、「同業者ばかりやから、気が楽やねん。あんたみたいな頭のいい人と一緒にいると疲れるんです。同じ頭の程度の人がいいねん」だそうだ。ママも何かしらの自由と解放を求めていたのかもしれない。

というわけで、２００９年は私にとっては認知症元年の年であり、ママにとっては全く新しい生活の幕開けとなった。私が８年間、自分の好きなように普通に平和に暮らしていた自宅兼職場のメゾネット・マンションに、認知症という異文化がやってきたわけで、最初に掲げた理想のテーマ「楽しく笑って過ごせば大丈夫」はとっくにぶっ飛び、ママがやらかす妄想モードに右往左往して、その場、その時、その状況をなんとかしのいでいく場当たり的な現場主義が横行していた。これはスケールこそ大きく違うが、黒船が来航した時の日本によく似ている。

健常者にとって、先が読めないことがいかに不安で、また突然のアクシデントやハプニングがどれほど心臓に悪いか……、それまでどちらかというとノー・ストレスで過ごしてきた私にとって、はじめてのリアル・ストレスである。

さらに、自分でビックリしたことが、ウソが言えないことだった。一般社会での私は、いい加減なタイプでホラも吹くのだが、ママに口からでまかせの適当なウソがなかなか言えないのだ。相手は10秒で忘れるし、納得させる必要もないのだから、ウソをついても針千本飲まされないし、ウソも方便が最大限に生かされる状況なのに、良心の呵責を覚えてしまうのだ。えっ、これが良心の呵責という感覚なのか……、多分、政治家と違い、一般人の普通の生活においては、ウソをつく状況があまりないということだと思う。要は経験値が少ないせいだ。慣れれば閻魔さんに舌を抜かれるほど、ウソつきになれるかもしれない。

いや、この頃はまだママをまともな領域で扱おうと思っていたように思う。ママの質問に対し、真実を正しく真摯に答えるように心がけていた。なぜならママに忘れていたことをきちんと伝えてることで、ママは正しいことを覚えてくれるかもしれないと思っていたのだ。なんとまぁ、認知症をわかっていない愚行であったことか。楽しく笑って過ごせば大丈夫、小さな小さな希望に、ほんの少しだけ、わずかに期待していたのかもしれない。

そしてそんな期待を完全にスパッと諦めた時、本当の認知症との付き合いがはじまったのである。

ママが私に聞く。「すみません、ちょっとお聞きしたいことがございましてぇ、どうしてあなたは私をここに連れてきたのですか。その真意をお聞かせ願えませんでしょうか」。さあ、どんなウソをついてやろうかと考える。本当の真意など、私にもわからないのだから。

3章

こいつはもう人間じゃない、
モンスターと戦う

「猛獣使い時代」

劇場型妄想の【極道の妻モード】でバンバン打たれ、ブスブス刺される

それまでママの異常行動は、あの家に帰りたい、あの頃に戻りたい、あの人に会いたいという、過去の記憶があっての混乱が基本だった。よって、ママの脳内で創造されている妄想ノンフィクションはある程度想像できた。しかし脳の萎縮が進む中で、新たなインパクトの劇場型モードが登場した。

私のことを泥棒、人さらい、悪党と攻撃する【極道の妻モード】である。それはまさにヤクザの言い合いが延々に続くように、誹謗中傷、罵詈雑言のオンパレードで、ママは自分の興奮にますますエキサイトし、そのしつこさときたらサイコパスに近いのである。

「あんた、私をこんなとこに連れ込んで、私のお金が目当てなんやろ。ふん、なんぼ盗ったんや。もうスッカラカンにしたんか」「ママのお金は銀行にあるよ」「フン、あんたのことやから銀行ともグルやろ」「いや、銀行にあるから、通帳、見せよか」「けっこうです。あんた

が作ったニセ通帳見せてもろても、しかたないですっ」「あっ、そう」「あんた、私のお金、全部引き出して欲しいねんけど」「いいけど、何に使うの」「なんであんたに教えなあかんの。私のお金を私が自由に遣うのになんの文句があんの」「はいはい、明日、下ろしとくわ」「ほらな、明日とか言うて、出さへんつもりやろ。やっぱり盗んでるんやな」「いえいえ、銀行にあるから」「この辺の警察やお巡りさんも言うてはったわ。あの女はちょっと始末が悪いから、気をつけてくださいって、お金盗られたらすぐに牢屋に入れますからねって。あんた、私のお金、全部盗ったんやろ」「いいえ、銀行にあります」「あんた、うまいことやったなぁ。私をここに連れてきて、私のものを全部盗ったんやなぁ。あんたは昔から悪賢かったけど、ここまで地に落ちるとはなぁ。先生も言うてはった、このお嬢さんは腹の中が見えないですよぉ。ニコニコしてはるけど、腹の中は真っ黒ですよぉって。ほんま先生のおっしゃる通りやったわ。私はなんてバカなんやろぉ。父さんも言うてはった。おまえはお人好しやから騙されないようにしろよって、あっこのことは信じたらあかんぞって。おまえなんか簡単に騙されるって……、それやのに、のこのこついてきて、あんたのええカモやなぁ」「ママって、ここで楽チンに暮らしてるやん」「バカ言っちゃいけないよぉ。あんたに閉じこめられて、お金を盗るために生かされてるんやないの。最低限の食事はくれるけど、生かしとかんと世間体もあるもんなぁ。何から何まで計算尽くの、大したワルやわ。いったい誰に育てられたんか、素性を疑うわ。あんたは昔からお金のためならなんでもする女やった。まさか命までは取らんやろうけど、あんたに殺される前に、こっちが殺したるからな。あんたの悪巧みぐらい、お見通しなんです。母さんも言うてたわ、あの娘は人が持ってるもんはなんでも欲しがる強欲女やから、付き合ったらあかんよぉって。それやのに、こんな文配下におかれてしもて、あ〜、どうしたらいいんでしょう。ジワジワ殺す気でいるんやろ。あんたが盗ったお金、全部全部、返せ。お金がないのは、頭がないのと同じなんですっ。お金を返せぇ〜。返さへんのなら、もう殺してくれてもいいけどな。いやいや、ほんまもんのワルは自分の手は汚さへんか。まっ、ゆっくりやっつけられるんでしょうね。そやけど私もやりかえしたるからなっ。覚えとけよ。死んだら化けて出たるからなぁ」。こんな内容の戯言を言い続けるのだ。

毎日毎日こんなことを言われ続け、「なんで私がこんな目に」、「なんで親からこんなひどい仕打ちを」と、やりきれなさ、虚しさ、無力感、情けなさに心がめげる、介護者泣かせナンバー1が、身近な人を徹底的に攻撃する【極道の妻モード】である。なんといってもターゲットは私なので、逃げようがない。相手は絶対に自分は間違ってないと思っているので容赦がない。だいたい普通の生活ではあり得ない、自分の悪口を延々に聞かされ続けるという経験に、健常者の脳のネジも1本ぶっ飛ぶ。

さらに怖ろしいことは、誹謗中傷、罵詈雑言を言われ続けると、私は本当は泥棒で人さらいで悪党で、ママのお金が目当てなのかもしれないと思いはじめることだ。なんのためにママを引き取って暮らしているのか……、ママを引き取って私に何かメリットがあるのか……、なんのメリットもない苦労をなんでしなければならないのか……、たいした額ではないがママのお金はパーっと使ってやればいい……、ママのご希望通りの泥棒で人さらいで悪党でいいではないか……。だんだん自分が泥棒で人さらいで悪党のような気になっていく。これは洗脳である。同じことを言われ続けるだけで、人はこんなにも簡単に洗脳されるのか、自分の脳の弱さに驚いた。

これは、ママの話の持って行き方がうまいのである。娘は病気の母親を引き取り、最低限の衣食住を与え、死ぬのを待って全財産を頂いた、というストーリーがちゃんとある。だから、なんで私がこんな目にと、できるだけ考えないようにしていた頭に、私の本心はそうなのかもしれないという洗脳がス〜っと入ってくる。

【極道の妻モード】は、自分の悪口に対していちいち弁解しなくてはいけないので、健常者にとっては本当に辛い。いかに距離を置き、ママの口を閉ざすか、触らぬ神に祟りなし作戦でいきたいのだが、ママは相手が逃げ腰だと、100倍返しで追いかけてくる。こっちはそんなガチンコ勝負をしたくないから再び逃げる。ママは逃がすものかと【かまってちゃんモード】全開で挑んでくる。こんな親に子どもが向き合えるわけがない。なんで親からこんな目にあわされるのかと弱っている心に、洗脳はす〜っと入ってくる。

こうしてママの話に集中してしまうと洗脳がす〜っと入ってくるのだが、ママの通帳とお金を管理し、様々な手続きを取り仕切り、デイサービスの送迎を毎日行い、北浜マダムにふさわしい装いをさせ、栄養バランスのよい食事とおやつを提供し、フカフカにお布団を整え、徘徊にはいつ何時でも付き合う私が、泥棒で人さらいで悪党であるはずがない、あるはずがない、あるはずがない……、と自分を洗脳する。

この洗脳は、後にママにやり返し、なかなかの成果を見せるのだが、それは4章で詳しく述べる。

こっちがママにご提供しているサービスの返礼が、絶望感、喪失感、自滅感なのだから、本当に報われない。いや、私の人生で多分経験しなくてもよかった絶望感、喪失感、自滅感を味わわせてくれて、本当にありがとう。そのお返しは、ママの通帳のお金は最後は全部私が頂くことで手打ちにしよう。どう考えても割の合わない額であるが、泥棒で人さらいで悪党である方が楽な時もある。

こっちの脳も萎縮させる悪魔の【ブチギレ・モード】

人間の喜怒哀楽の中で最も激しい感情は怒りである。健常者においてもだいたいの事件や悲劇はこの怒りからはじまるもので、積もり積もった我慢が爆発するパターンもあれば、衝動的かつ突発的に人やモノに当たる人も多い。見ず知らずの人が犠牲になる通り魔事件や、カッとなって親族や知り合いを傷つける殺傷事件のニュースがなんと多いことか。

では実際にブチギレてる人を間近に見たことはあるかと言えば、私はなかった。『スカーフェイス』のアル・パチーノや『極道の妻たち』の岩下志麻など、映画では見たことあるがヤクザ業界のフィクションである。堅気の一般人がブチギレる場に遭遇する機会など、私にはないはずだった。

　ママが突然「おんどりゃ～、何言いくさるっ」とブチギレた時、私はドン引きもドン引き、生涯で初めて頭の中が真っ白になった。身長140センチほどのおばあちゃんの顔が見る見る赤鬼になり、肩を怒らせ「おいっ、おまえっ。何様なんだいっ。殺したければ殺しやがれっ。何言ってやがんだいっ、てやんでぇ。フンっ。人をなめるのもたいがいにしやがれってんだ。べらぼうめっ。泥棒のくせに大きな口たたきやがって、ただでは済まさへんからなっ。この悪党がっ、覚えとけよっ。おまえの悪事は全部お見通しなんだよっ、逃げてもムダやからなっ、必ず見つけて叩きつぶしたるっ。何抜かしてるっ、おんどりゃ～、人殺しがぁ、ド悪党っ、人さらいっ、今に見ておれよぉ、こんちくしょう、おまえなんかひねり潰したるからなっ。地獄に堕ちろっ」と、唾を吐いて怒鳴り散らし、部屋中を歩き回るママ。「おいっ、どこいきやがったっ、このやろぉ」と誰かを探しているようだが、唖然としている私のことはスルーするので、気配を消してそ～っと後ずさりして部屋の奥の柱の影に隠れた。

　すごい形相で江戸のべらんめえ口調と大阪の河内弁の二カ国語でののしりながら部屋をのし歩くママはナマハゲのようで、その強烈なネガティブ・エネルギーはもはや人間のものではない。

絶対に堅気の普通の主婦のボキャブラリーではありえない汚い言葉を、これまた縁のない江戸弁と河内弁でわめき続けるママはもう人格崩壊である。この汚い言葉遣いはなんなんだ。ママが記憶している映画やドラマの脅しのセリフを脳が潜在的に覚えていて、怒りのエネルギーに刺激された神経細胞が勝手に言葉を送り出しているのか。普段は大した活躍もしてない脳が、こんな時に活発に働いてママをナマハゲにしてしまうなんて……、ママの意志とは関係なく潜在意識と神経細胞が暴走する脳、それが認知症の次の段階なのか。

それから30分ほどして「こんちくしょうぅ。トイレはどこやねん、トイレ〜、どこやぁ〜、このドロガメがぁ。トイレ〜さぁ〜ん、あっ、ここか」と、トイレに入り用を済ませて出てきたママの顔は、ナマハゲ色が落ちていた。尿意に感謝である。で、ウンチも出たようである。

このドン引きの【ブチギレ・モード】は、これから度々発症し、認知症の真の怖ろしさを知ることになる。これを1時間も2時間もやられると、こっちの頭がおかしくなってくるのだ。まるで砲弾飛び交う戦地にいるような恐怖に「あ〜、私の人生が壊されていく」と思い、いつ爆発するかわからない【ブチギレ・モード】の地雷を踏まないように、常にママにビクビクしている自分に「あ～、私の人生は最悪だ」と嘆く。これからずっとこんなママを相手にするのかと思うと「あ～、私の人生は終わった」と暗い気分になり、安易に同居をはじめたが、実はとんでもない悪魔を家に入れてしまったのだと、ことの重大さに気がついた時、「あ～、私の人生は終わったんだ」と確信した。

今まで「楽しく笑って過ごす」をテーマになんとかギリギリの攻防をしていたモチベーションが、ジ・エンドと警告し、私の神経細胞がワナワナと崩れはじめ、脳が萎縮していく。

ママが【ブチギレ・モード】になった時は、私は机の下に隠れて、気分が変わり憑き物が落ちるのをただただ待つか、またはママが尿意か便意をもよおし、身体が休憩してくれるのを待つしかなかった。夜の場合は、電気を消して真っ暗にし、荒ぶるママが暗さにかまけて気分を変えてくれるのをただただ待つ。「コラ～、電気をつけやがれっ、こんなことしやがって、フンッ、アホらし。バカかおまえはっ。痛ッ、誰や、こんなとこに椅子、置きやがって、まっ、丁度ええわ、座ったれ。どっこいしょっと。どなたの椅子か存じませんが、私が座っております。文句があるんなら、閻魔さんに言ってくださぁい。ここは地獄の3丁目ですぅ。ほんま、真っ暗やないの。怖いなぁ。どなたかぁ、電気を点けてくださいませんかぁ」

と、暗さにビビッて、こっちの世界に戻ってくるのだ。しかし、ママもスイッチを見つけて電気を点け返してくるようになったので、夜はブレーカーを落とすようになった。

こうして【ブチギレ・モード】を沈静化させるには、自然の摂理である尿意と便意、そして太古の昔より人類が本能的に怖れる暗さに頼るしかなかった。

ママの【ブチギレ・モード】は、私に『エクソシスト』のリンダ・ブレアを思い出させた。あの悪魔に取り憑かれた少女は、12歳のボキャブラリーではあり得ない卑猥で汚い言葉でののしり、怒りと憎しみのエネルギーを吐き続け、人間離れした何者かになり、母親や神父様たちを怖れおののかせる。

これは【ブチギレ・モード】のママとそっくりではないか。想像するに、その昔、悪魔とか魔女とか魔物とかモンスターとか異端の烙印を押された人たちは、認知症だったのではないだろうか。昔はそれぞれの村やコミュニティの掟や常識からはみ出した人は異端とされ、怨霊や祟り、また異形のものにとり憑かれたとして怖れられ、そして排除された。

いつもは優しい人が別人格になる、ついさっきのことを全て忘れている、夜になると起きて歩き回る、家族のことを覚えていない、普段は話さない言葉でどなり散らす、モノが盗まれたと何時間も探し回る……、認知症という病を知らない昔の人には、これらの異常行動は悪魔か怨霊にとり憑かれたかのように見えただろう。

今でこそ認知症はテレビの医療バラエティ番組などで、みんなが知っている家庭の医学となったが、一昔前は『恍惚の人』の森繁久彌のイメージぐらいしかなく、当時はなんと痴呆症という失礼な病名だったのだ。

そんなことを考えると、認知症は随分と認知はされてはきた。しかし、そんなことは重々わかっている私でも、ママの【ブチギレ・モード】をはじめて目の当たりにした時は、「こいつはもぅ、人間じゃない」と、悪魔にとり憑かれたモンスターを見るようだった。

この正体不明の【ブチギレ・モード】は、健常者の普通の生活を壊し、心の平和を怯やかす怖ろしいモンスターに変わりはない。

『エクソシスト』は悪魔払いだったが、【ブチギレ・モード】封じはどうしたらいいのか……。『エクソシスト』とママとの大きな違いは、リンダ・ブレアはベッドに縛りつけられ密室に閉じこめられていたが、ママは自分の足でどこにでも行けるということだ。現実離れした異常事態が起こるのが認知症の脳の密室世界だとしたら、健常者の世界は、常識的で平和で明るく日常的な普通の外の世界だ。私は、玄関のドアを開けて、ママを普通の世間に解き放った。「悪魔よ、去れぇ」。

ブチギレ毒オーラのママは、ビジネス街を歩く大勢の人たちの中の一人となり、怒りのエネルギーは街の喧噪に消され、歩くスピードが落ちていき、いつのまにかなんのために歩いているのかわからなくなり、背中から怒りの強ばりが抜けていく。

私が声をかけると「あ~よかった。あんたに見つけてもろて、よかったわぁ。迷子になったんかと思って心配したわぁ。今日はあんたとこに泊めてぇ」と、こっちの世界に戻ってくるのだ。ざまみろ悪魔、大阪の街を歩いて歩いて歩き疲れて、そして静かに眠ればいい。

ところが、この【ブチギレ・モード】の怒りのオーラ全開のママが、【徘徊モード】へ突入した場合は最悪である。特に真夏のカンカン照りの日中に街を徘徊されると、尾行しているこっちも熱中症にやられてしまう。

そこである日、ママの前でうずくまり、「痛い、痛い、痛いよう、助けてぇ、死にそう」と苦しみながら道に倒れ込み、バタンと死んだふりをしてみた。そしたらママの奴、道に倒れている私のことを見下すと「フン、死にやがれっ」と吐き捨てると、またスタスタと歩き出したではないか。

おいおいおい、もうこいつは人間じゃねぇ。悪魔だ。優しさも思いやりも良心の欠片もなくなっている。死んだマネまでした健常者の賭けは、【ブチギレ・モード】のブルドーザーにひき殺されていく。

こうして【ブチギレ・モード】でモンスターとなったママ、いったい何にブチギレているのかもわからず、本当に何かにとり憑かれているとしか思えない。いや、そう思わないと理解できないから、古より悪魔や魔女や悪霊が創造されていったのだろう。『エクソシスト』の神父は、信仰と聖水と自己犠牲で戦ったが、今や認知症は脳の病気だと誰もが知っている。だからこれは単純に、認知症脳と健常者脳との戦いなのだ。そして戦い方を教えてくれるのは、認知症患者その人、ママである。ママを見ずにして、作戦は立てられない。

こうして同居1年ほどでママの様々な異常言動が出そろい、【迷惑モード】としてカテゴリー分けができるようになった。様々な異常行動にカテゴリー名をつけることで、それはもう想定内のことになる。

私は医者ではないが、ママを観察し仮説を立て人体実験をし検証することはできる。【迷惑モード】をなんとか阻止するツボ、コツ、荒技、反則、卑怯なことを、あらゆるクリエイティブを駆使して、ママに試してみようと思う。ここはジギル＆ハイド博士になるしかない。こうして、やられっぱなしから、健常者の反撃がはじまる、はずである。

ママのお家芸【徘徊モード】のはじまりの物語

ママの迷惑言動のキングが【ブチギレ・モード】、クイーンが【極妻モード】だとしたら、もうお家芸というか十八番というか定番というかライフワークというか、もうどうすることもできなかったのが【徘徊モード】である。

デイサービスから帰って来て夕食を食べた後、毎日毎晩1時間ぐらいの散歩は可愛いもの、2時間ぐらいのウォーキングはまぁ普通、3時間ほどのトレッキング、4時間超えの遠征は日常茶飯事、一晩中徹夜で歩いて朝を迎えるという荒行も月に2、3回のお約束だった。この80代とは思えない素晴らしい健脚と健康体のおかげで、要介護5がもらえる。

なんたって記録をつけた4年間で１８４４キロ、１７３０時間も歩いているから、記録をつけていない3年間をプラスすると、7年間で約３０００キロで、日本列島縦断以上歩き倒したことになる。伊能忠敬もびっくりだ。

大阪に来た当初のママは、「ねぇ、ちょっと外に出てもいい？　すぐに帰ってくるから」と出かけては、10分ぐらいでちょこまかと帰って来た。「あ〜、怖かったぁ。迷子になりそうやったからすぐに戻ってきてん」と笑った後、すぐに、「ちょっと外の空気、吸ってくるわね」と出かけて、15分後に「大阪はやっぱり怖いわぁ。あんたとこにおるのが一番安心やわぁ」と帰ってほっとして、「ちょっとこのへん散歩してきますぅ」と出かけて、20分後に「はい、酒井アサヨ、只今、帰りましたぁ」と元気に戻って来て、「遠くには行かへんから、この辺ブラブラしてくるわ」と出て行って、30分後に帰って来て「やっと帰れたわぁ。迷子になりかけたけど、頑張って一人で帰ってきてん」と子どものように自慢するので、「偉い、偉い、偉かったねぇ」と褒めて、ご褒美にアメちゃんをあげた。

好奇心で出て行っては不安になって戻って来るおばあちゃんの右往左往は微笑ましく、私は子どもがいないが子育てとはこんな感じなのかもしれないと、ママの病気を忘れることもある。

しかし、これは周辺症状の多弁・多動で、ただ落ち着きなくじっとしてられないのである。認知症の周辺症状でも、害がなければ可愛いボケばあちゃんなのに、残念である。

こうしてママはプチとはいえ1日にものすごい回数の外出をするので、いつかは自力で帰って来られなくなる時が来る。転ばぬ先に、バッグには連絡先をくくりつけ、服のポケットには自宅のマップ、首にはビジネスマンが首から提げている社員証をマネた迷子カードをぶら下げる。

しかし、ママをどんどん散歩好きというか、ウォーキング・マニアというか、重度の徘徊症候群に追いやったのは私が原因とも言えるのだ。

まず、ママが【ブチギレ・モード】や【極妻モード】になった時、躊躇なく玄関のドアを開けるようになった。もうママの暴言を聞き続けるのがめんどくさくて、「この家や私がそんなに嫌なら、どうぞどうぞ、出て行ってください。誰もお止めはいたしませんよ。てやんでぇ」と、とドアを開けると、ママは躊躇なく街に飛び出した。そして私は尾行をスタートする。

ママの悪意に満ちた罵倒を密室で耐え忍ぶよりも、街中を徘徊するママの後を距離をおいて尾行する方がよっぽど気分は楽である。

この《ブチギレたら外に出す》は、ママの悪意の攻撃を避けつつ監視できるという最良の方法に思えた。しかし、これがママに家出のハードルを低くしてしまったようで、気に障ったらすぐ家出、腹が立ったらすぐ家出、思い立ったらすぐ家出、と家出の常習犯にしてしまったのだ。

さらに、ママはデイサービスから帰るとず〜っとしゃべり続け、夕飯を食べ終わると必ず【帰る帰るモード】を発症した。当時はまだ認知症介護の素人だったので、外に出さないことが、お年寄り介護の常識だと常識的に思っていた。

家にいてもらえば、ケガも事故もなく安心安全に過ごせる。だから外に出たがるママを、あれやこれやと理由をつけて家にいるように説得し、帰る理由をまくしたてるママに、紙に絵や図式まで書いて、手を変え品を変え説明した。今にして思えば、これは全くムダな努力と労力と言える。なぜなら、《認知症の脳に、納得という言葉はない》からである。

ママは、その時だけは納得したふりをして、私の説得攻撃をかわすのだが、本心は全然納得していない。10分後、30分後、50分後、そして2時間後、3時間後と「なぁ、私、納得できへんわぁ」とぶり返して、自分が納得したい何かのためのに家から出ようとする。そしてまた私の説得を見せかけの納得でかわして、家出に再チャレンジするのだ。それはまるで何回も何回もビデオを戻しては再生しているようなものである。

だいたい健常者の私たちだって、納得した、納得できた、納得することなんてそうはない。世の中には、納得したくはないこと、しかたなく納得したこと、納得するしかないことの方が多いから、妥協や譲歩という処方術があるのだ。

ママはそんな塩梅を考える神経細胞が崩壊しているので、その時に執着したことについて、けっして諦めない。だから妥協や譲歩ができる脳を持つ私が諦める。別に行きたくもないママの納得探しの旅に付き合えるのが健常者の悲しさである。

こうして最終的にはママが絶対に勝つので、もう説明やら説得はやめて、夕食の後の家出は容認するようになった。「あんた、知らんよなぁ？　知るわけないか。しかたない、ちょっと聞いてくるわ」と立ち上がるママに、「何を誰に聞きに行くのよ。私が知ってるかもしれんから言うてみぃ」なんて引き留め作戦はせず、「はいはいバイバイ、気をつけてね」と送り出し、後をつけるのである。

自分で納得して歩いているつもりでも、1時間もすると途方に暮れて、私が声をかけると「あぁ、よぅ見つけてくれたわぁ。もぅ、しんどいわぁ。あんたの家に泊めてぇ」となり、疲れで朝までぐっすり寝てくれるので楽なのである。

この夕食後の1時間の散歩は、ママにとっては、納得探しの脳のクールダウンになり、私にとっては、ダイエットになるという一石二鳥の策で、さらに帰りに近所のバーに寄って一杯ひっかけたりできるので、二人にとっては、よき習慣となった。

ママは80代にしては驚くほどの健脚で、背筋を伸ばしスタスタと快速で歩く。私も大阪で一番歩くのが速い50代を自負していたので、この歩くスピードだけは気が合った。よって、お互いがちょっと煮詰まった時、散歩に出かけて外の風に吹かれることは、いい気分転換だった。

しかし、このよき習慣が、ママの【徘徊モード】をレベルアップさせてしまうことになる。元々ママの足腰は年齢以上に丈夫だったが、この毎日1時間の散歩習慣がママの運動能力と持続力をアップさせ、1時間ぐらいでは疲れない、2時間経ってもまだまだ、3時間ぐらいでトイレ休憩、4時間を超えたところでちょっとスピードダウンという、アスリートばあちゃんにしてしまったのだ。同じように歩いている私の体重はなかなか落ちないというのに……。

こうしてママの【ブチギレ・モード】【極妻モード】【帰る帰るモード】の対応策として、【徘徊モード】に誘導して《疲れさせて眠らせろ》という作戦は、短期的にはうまくいっていた。

しかしこれが、ママに長距離、長時間の徘徊に対応できる体力、持久力、ド根性、粘り強さ、諦めない意志といった、認知症のママには必要ないスキルを磨くことにつながってしまったのだ。

その後ママは、深夜だろうが早朝だろうが、雨だろうが嵐だろうが、猛暑の日中でも、厳冬の深夜でも、雪の日も台風の日も、時間、気候関係なく、家から飛び出すようになる。

結局は、ママの迷惑行為をどのように回避するかという作戦は、所詮、健常者の机上の空論で、「策士策に溺れる」だけである。

認知症のママは変わらない。こっちが嫌がることも、迷惑なことも、非常識なことも、やりたいことはけっして諦めない。もうこっちが変わるしかない。

ママの迷惑行為に対して、私がいかに怒らず、腹を立てず、ブチギレず、むかつかず、爆発しないでいられるか、健常者の私が精神修行した方がてっとり早いのではないか……、同居わずか1年で、そんな境地になる。

認知症と診断してくれても、医療はあてにならない
医者で直せないから、認知症は難儀なのだ

年をとると、誰でも身体の不調や衰えを感じ、何かしらの病気持ちになったりする。だいたいの病気がお医者さんの見立て通りの症状で、投薬や食事制限、入院や手術などの治療で症状が和らいでいく。病気になれば病院に行き、不治の病でなければ、医者がだいたい治してくれる。

しかし、認知症が別格なのは、医療では解決してもらえないことばかりなのだ。認知症の異常行動は、医療の領域外というのだから、ややこしい。

認知症の周辺症状は、その人の性格や気質、暮らしや生き方の違いなどが反映されるため、100人いたら100通りとも言われている。そのボケ言動の多様性のため、ベストな対応マニュアルがなく、どう進行していくか誰も予測が立てられない。だから身近にいる家族が、毎日毎日手探りで病と直接対決するしかない。

そう、認知症に医療現場はなく、病気と戦う最前線は家庭内にあるのだ。ママは日本列島

を縦断するほど徘徊したので、オン・ザ・ロード、いつも路上が現場だったわけだ。

ママの異常行動が右肩上がりで上昇し、私のささやかな普通の生活が急降下していく中で、認知症専門医を教えてもらった。溺れる者は藁をもつかむ、いやなんだってつかむ。めげていた私にはビッグニュースだ。

最初に紹介された医院は、精神内科の先生だった。やっと救命ボートを見つけた気分で、なんらかの対処法、ちょっとしたアドバイス、ささいな工夫、わずかな智恵、ささやかな共感、いや藁でもいいから何かをつかめる方法を教えてくれると思っていた。

ところがその認知症専門医は、「私はどこも悪ぅございませんでしょう。そのはずでございますよ。立派な先生のお見立てでございますから」とマダムぶる超一級の認知症患者を目の前に、問診することもなく、奈良の主治医からのカルテを見ただけで「アルツハイマー型認知症ですね」と病名を告げ、「前任の主治医と同じ薬の処方箋を出しておきます」ということで診療は終わった。それだけ。

ママの最悪の症状、暴言、興奮、徘徊については「それは周辺症状ですから、病気とはまた別ですからねぇ」と言うではないか。おいおいおい、どういうことよ、認知症専門医が、暴言、多弁・多動に徘徊という認知症の顕著な特徴を、病気とは関係ないと言い切るとは、どういうことよ、どういうことよ、どういうことよ、どういうことよぉ〜。ここが認知症のややこしいところなのだ。

認知症は、脳の神経細胞の萎縮により、記憶障害や思考・知的機能が低下する病気で、脳内で起こっていることについては医療の分野で、脳の萎縮を抑える薬や神経細胞を活発にする薬、血流をよくする薬などを処方してくれる。

そんな脳機能の障害から派生する興奮、妄想、暴言、徘徊などの異常行動は周辺症状と呼ばれ、医療とは違う領域らしいのだ。

ちょっと例は悪いが、例えば風邪をひいたようなので病院に行く。医師は検査をしてインフルエンザと診断し、注射をして薬などの処方をしてくれる、ここまでは医療。そして家に帰ったが、熱やめまいもするので、おでこを冷やして安静に寝ていた、というのが家庭内で普通に行う看病で、ここはもう医療の範疇ではない。インフルエンザと診断したのが医者で、その後、インフルエンザの症状の熱とめまいは、本人や家族が対応するという図式だ。

もし、ママの症状がお熱だったら、水枕を当て、リンゴを擦ったジュースを飲ませ、熱いタオルで身体を拭いて、寝間着を着替えさせてと、優しく看病してもらっていただろう。だってママは病人だから。

しかし、残念ながらママの症状は、話しかけると泥棒とののしり、ご飯は毒入りだからアメちゃんをくれとわめき、お着替えは追いはぎされると逃げ、ドアをドンドン叩いて大声を出し、元気一杯暴れるのだ。

残念ながら病人には見えない。優しく接する気など全く起こらず、逆に高熱でも出して寝込んでくれないかと思うほどだ。しかし、これが認知症の症状なのだ。頭が痛い、お腹が苦しい、身体がだるいといった症状だったら、家族から心配してもらえるのに、本当に残念な病気である。

「認知症は病気やねんから、怒ったりしたらあかんよぉ」と言われるのはそこで、本人も好きで暴走ばあちゃんをやっているわけでなく、不安な気持ちを制御できなくて感情にまかせて行動し、家族が嫌がることをやらかしてしまう。

病気だからしかたがない、しかたないと頭ではわかっていても、こっちにも感情があるから腹が立つ。そして思うのだ。「ママに優しくしてもソンなだけ」と。病気の症状とわかっていても、なんの手出しもできず、手だてもない認知症という病気は、なんと割の合わないことか。

再び例は悪いが、アルコール中毒やギャンブル依存症も、社会的に失うものも多く、家族に迷惑をかけることでは引けを取らない破滅的な病気だが、本人の努力次第で治せる点が認知症とは大きく違う。認知症は、病気を治す努力や意欲を患者本人に託してくれない。本人が病気であることさえわからせない。なんとも不憫な病気なのである。

残念で割が合わず、不憫な病である認知症は、どうしようもない病気なのだと理解するしかない。

そこに健常者感覚で期待や希望を持ったりすると、完全に裏切られる。いや、裏切り、謀反、返り討ち、濡れ衣、騙し討ちあっての認知症。だから、このどうしようもない病気の虎穴に入り、ママの脳内で起こっていることを想像し、プロファイルするしかないのだ。そう、こっちの脳の想像力とクリエイティブが試されるのである。

私が大変な日々を必死で説明したことで、医者は睡眠導入剤と興奮を抑える薬を追加してくれて、その晩、さっそく睡眠導入剤を試してみた。

薬を飲んで布団に誘導したら、ママはコッテンと爆睡した。ヤッタ〜ァ〜。

そのまま朝まで寝てくれたので、夜の徘徊はなく、昼夜逆転は避けられ、私も安眠できた。さすが認知症専門医、荒ぶる認知症患者に穏やかな夜の安眠を提供する魔法の薬を処方してくれた。しかし、医療、万歳、お薬ブラボーと大喜びしたのに、夢の安眠はたった一夜で終わったのだ。

次に薬を飲んだ夜、ママはトイレに何回も行こうとするのである。フラフラと立ち上がり、ヨロヨロと歩くので転倒しそうで危なっかしく、こっちも何回も起きて付き添わなければならないし、朦朧としているママを便器に座らせるのにも苦労して、夜間勤務が増えただけだった。

次に薬を試した夜、ママは布団に入ることを断固拒否して、必死に睡魔と戦うのだ。「お布団に入ると寝てしまうので、ここに座っております」と、姿勢よく前を見てソファに腰掛けているママ。何が嬉しくて81歳のおばあちゃんが眠たいのを我慢して必死で起きていなければならないのか。「眠たいならお布団で寝たらいいやん」とすすめると「寝てしまったら、あんたに寝首をかかれます」と、戦国武将みたいなことを言い、本人は命がけで起きている覚悟のようだ。その全くムダな意地とプライドも、薬には勝てずでソファで寝てしまうのだが、爆睡のママはまるで死体のように重くて扱いづらく、すぐそこの布団に運ぶだけでヘトヘトになる。

睡眠導入剤は7回分もらったのだが、結局スッと寝てくれたのは最初の1回だけ。あとは同じような問題が起こり、ムダな労働が増えるだけなので、睡眠導入剤の導入は諦める。ママよ、そんなに寝られないなら、『楢山節考』を一緒に観よう。

結局、奈良の主治医の処方箋は、初期の認知症のもので、今やベテラン認知症の域に入ったママに同じ処方を続ける先生が信用できずにやめる。

認知症の進行を抑える薬は、興奮や情緒不安になる副作用がある。薬を飲んで治る病気なら、興奮も暴言も幻覚も我慢するが、世界的に治らないのが定説の病気に、なんで火に油を注ぐような薬を投与して、家族の介護を過酷なものにする必要があるのか。そんな医療はなんだか本末転倒である。

さて、次に訪れたのは認知症専門医院だった。なんといっても認知症専門医院である。早起きしてママと一緒に医院までの約4キロを歩いて行くほどの気合いの入れようである。

実はデイサービスが休みの日は、丸1日すさまじい徘徊をするので、朝から歩かせて疲れさせる計画である。それでも早く着き過ぎて、近所にあった神社で、コンビニで買ったパンとコーヒーで休憩する。

「あんぱん、美味しぃですぅ。鳩さん、鳩さん、あんたのお母ちゃんはどこですかぁ。そう、元気ですかぁ」と無邪気なママを見ていると平和な気分になる。別に頭がボケていても、ママの心が穏やかなら、こっちも幸せな気分になり、【天使ちゃんモード】をそれなりに楽しめる。

予約時間になり、病院のドアを開けると、そこには認知症のおじいちゃんやおばあちゃんと、藁をもつかむオーラ全開のご家族たちで満員だった。

予約をしたにも関わらず2時間待たされるが、みんな大人しく座って待っているのに、ママだけが「なぁ、混んでるやん、もう帰ろう。いつまで待ってもアカンって、なぁ、帰ろうよぉ。なぁなぁなぁ」と、駄々っ子のようにぐずり、じっとしてられない子どもを持つ親の苦労が少しわかる。

さて、診察がはじまり、院長は骨と皮になって寝ている裸の老婆の写真を見せ、「認知症が進むとこんな風に寝たきりの廃人になる」と言うのだが、その写真は高齢者ポルノとしてネットで見た記憶があり、心のどこかでママが寝たきりになってくれたら楽なのにと思う邪念と相まって、その写真は「寝たきりポルノ」というトラウマになる。

その院長の治療方法は、各種ビタミン剤やアリナミンなどを多量投与して、ミトコンドリアを活発化させるというもので、毎回、認知症テストと血液サンプルが採られ、院長は血流や血液検査とテストの結果から、なんらかの進行のレベルを診断しているようだが、見ているのはデータだけだった。

ここでも家族を悩ます周辺症状については、院長は興味がないのだ。月1回の認知症テストが1点上がった、2点下がった、また上がったという結果だけがママの成績表で、脳の様子は膨大な血液検査のデータから院長は色々判断しているようだった。ママと私は蚊帳の外、私には何が改善されたのかさえわからない。

それから主治医の内科を受診した。元々ママは、血液検査はパーフェクトで、内臓は臓器移植の提供ができるほど良好で、歯は87歳まで全て自前、ヤングサラリーマン並みの食欲で、毎日快便という人がうらやむ健康体だった。お薬手帳を見た内科の先生は、「こんな元気な人に、こんな多量のビタミンとアリナミンを飲ませたら元気になり過ぎる。尋常ではない徘徊をするのはこのせいではないですか」と指摘してくれる。

なんという本末転倒。認知症の進行を抑える医療のはずが、【ブチギレ・モード】【極妻モード】【徘徊モード】の異常行動をよりエネルギッシュでパワフルなものにするガソリンだったとは……。各種ビタミン剤とアリナミンが、ママを激しく興奮させている原因だったとしたら、私はもう認知症医療はいらない。

各種ビタミン剤やアリナミンは、保険適用外だったので薬代も高額で、高いお金を払って脳を活性化させた結果が、ママをモンスターにしていたとしたら本末転倒だ。もう1回言う。本末転倒だ。

医療の世界では、検査から得られるデータや数値が最優先かもしれない。しかし、介護する家族にとっては、どんなにボケていても、心と身体の調子がよく、楽しくおだやかに過ごしてくれれば、それだけでいいのだ。

認知症であっても、人間らしく暮らすこと。この方法を家族は探しているのだ。今更、記憶を取り戻して欲しいなんて思っていない。自分でできないことが増えてもかまわない。色んなことを忘れてもこっちがフォローする。よけいな【悪魔ちゃんモード】のスイッチが入らなければ、それだけでブラボーなのだ。【天使ちゃんモード】でいてくれたら、それだけでいいのだ。

認知症関連の最新医療や情報を読むと、薬の弊害も多いようで、海外の専門医などは、薬を飲まないことを奨励している。私は血圧を下げる薬以外、認知症関連の薬を全てやめた。

そして最後に、ケアマネージャーさんの紹介で訪れた病院の認知症外来で、やっと周辺症状についても聞いてくれるお医者さんに出会った。

事前に電話がかかってきて、ママの様子を詳しく聞いてくれたのだ。受診当日、先生はママの問診を徹底的に行い、様々な検査やテストを行った。

しかし、私は数年にわたる観察、実験、検証からママの脳内で起こっていることをプロファイルし、様々な【迷惑行動モード】をカテゴリー分けし、誰よりもママの脳に詳しいプロになっていた。

さらに、ママの迷惑行動への対応として、すでに色々なルールを決めていて、徘徊に関しては、《ママが興奮したら外に出し、徘徊に付き合い興奮が冷めるまで歩く》としていた。先生は「うまく対処されてますねぇ」と褒めてくれたが、これ以上のよい方法はないそうなのだ。

徘徊に関しては、安全を考えるなら、やめさせる、行かせないようにするしかないが、本人の意思を尊重するなら、歩かせるしかないそうだ。

徘徊をやめさせられないのなら、【徘徊モード】を楽しむアプローチを考えなければならない。もうピンチだらけの毎日に、何がチャンスなのかマヒしていたが、《徘徊を制すれば、認知症に勝てる》をルールとする。

今、ナチュラルにボケたママは91歳になったが、何も薬は飲んでいない。

あれから認知症はどんどん進んだが、そのおかげできれいさっぱり過去を忘れ去り、ややこしい脳の記憶から解放されている。あんぱんと可愛いものとフカフカのクッションと赤色とおしゃべりが大好きで、今、今、今をご機嫌に穏やかに過ごしている。

過去に囚われず、未来を憂うこともなく、悩みも不安もなく、今がよければ全てよしのポジティブ・シンキングの脳になったのだ。

そして当時では考えられなかった言葉を　ママはよく口にするようになった。

その言葉のおかげで、ママと私の暮らしはとても母娘らしいものになった。また、その言葉のおかげで、デイサービスのスタッフの皆さんからとても可愛がってもらっている。その言葉とは「ありがとぅ」と「サンキュ〜」である。

【徘徊モード】
家出回数約2340回、徘徊時間約3000時間、徘徊距離3000キロ以上、最長徘徊時間、最長徘徊距離1日12キロという脅威の徘徊記録を残したママ。雨でも嵐でも歩く。

4章

ママの犠牲になっていく
私の人生と、
多くの人に助けられる
「葛藤時代」

ママの家出、徘徊、尾行、そして1万人以上の善意に助けられる

はじめてママを尾行した時は、実はちょっとワクワクした。

まさか自分の母を尾行するというシチュエーションが、自分の人生にやってくるとは思ってもみなかったが、頭の中では『スパイ大作戦』のテーマ曲が流れていた。

ママの一人歩きを観察することで、どんな危険があり、どんなご迷惑をかけているのか。また、自由意志でどれぐらいの距離を歩けるのか、ママの徘徊状況と徒歩力を把握するのが目的であった。『はじめてのおつかい』おばあちゃんバージョンである。

ママが疲れて途方に暮れて立ち止まったところで、私が声をかけて任務終了という予想を立てていたが、認知症でも智恵が働くママは、通行人を次々に巻き込んで、徘徊ロードムービーに仕上げていくのだ。

「それでは帰ります。お世話になりました」とペコリと頭を下げて家を出たママは、バッグを肩からかけ、颯爽と歩いている。何人かの方に道を聞いて御堂筋を北上、梅田新道にす

ぐに到着した。多分、今は【此花モード】なのだろう。どんどん人が多くなり、ちょっと間を開けると身長１４０センチのママの頭を見失ってしまうので、遊び感覚の尾行ごっこから、マジの追跡劇となっていく。

ママが男性に道を聞き、指で方向を指示されている。ママは丁寧にお辞儀をして男性は立ち去るが、ママは指示された方向ではなく、その男性の後を追いかけているではないか。多分、梅田新道に辿り着いたもののあまりの街の変貌に浦島太郎状態になってしまい、親切な男性の背中を亀さんに見立て、新しい【妄想ストーリー】を創作したのだろう。ママは男性を追いかけて、私はママを追いかける、変な構図だ。

男性は梅田新道から駅前ビルへの地下通路に降りて行き、ママは階段を下りた所で男性を見失う。なんとなく人の流れに添って阪神百貨店に入り、なんとなくエスカレーターに乗るのであわてて同乗するが、ママは私に全く気づかず、流れに添って降りたフロアで人に道を聞き、また路上に戻る。

それからはまた何人かの方に道を聞いているのだが、その人が優しい人と見るや、迷子の子犬のように【かまってちゃんモード】全開でしゃべり続けている。多分、相当心細くなっているようで、誰か甘えられる人に助けてもらう魂胆だろう。ママはもうどこかに行きたいわけではなく、自分をかまってくれる誰か、あるいは自分と今を共有してくれる誰かを求めているのだ。

それにしても、親切で優しい人にロックオンするママの動物的カンは大したもので、お年寄りの一人歩きを心配する気配をほんの少しでも見せようものならもう離さない。迷子の哀れなおばあちゃんを演じ、ものすごく困っている【妄想ストーリー】を語り、その話に耳を傾けたら最後、ママの【困ってます詐欺】の罠にはまってしまうのだ。

その【妄想ストーリー】は、「門司の母とはぐれてしまいましてぇ、どうしたものかと思案しておりますぅ」「娘に出ていけって追い出されたんです。こんな街中に一人で放り出されまして、どこにも行く所がございません」「お金を盗られたようでぇ、今見たら、財布がないのです。奈良に帰るお金がございませんので、どこかお金を借りられる所を教えて頂けませんでしょうか」「これから門司まで帰るのですが、どちらの方角か教えて頂けないでしょうか。ええ、九州の門司です、下関の向かいにある門司ですが、どの道を行けばいいですか」と、マダムぶった丁寧な言葉遣いで怪しいことを言うので、善意の人は本気で心配し、「それでは、お巡りさんのとこに行きましょか」のお誘いに、「ありがとうございますぅ。お宅のようなお優しい方に出会えて、本当によかったですぅ」と素直に連れだって歩くママからは、お慕い申し上げますオーラが全開で、まるで女優だ。

ここで私が登場して事情を説明すると、「あ〜よかったぁ。お一人で大丈夫かと心配で、ちょっと、お話されていることもおかしいので、交番に行こうと思ってたんです。よかったね、おばあちゃん」と安心される。「ご親切に感謝いたします」とお礼を言って別れると、ママは私という確実なカモを見つけた余裕の笑顔で、「こんな所でよぅ偶然会えたわぁ。私、ツイてるかな。せっかくやから、なんか食べて帰ろか」と、言葉遣いも素に戻りケロリとしている。スパイ大作戦のゲームオーバーは、ママの【かまってちゃんモード】の犠牲になる人と出会った時というルールになる。

こうして、ママが家出をする度に、尾行し続けたのだが、当初からママは臆することなく誰にでも道を聞くのには驚いた。早足のサラリーマンさん、通話中の女性、デート中のカップル、スマホを見ている髪が虹色のパンク青年、立ち話しているちょっと怖そうなお兄さんなど、相手の状況を無視して道を聞くのであるが、皆さんが足を止め、おしゃべりを中断し、スマホから目を離し、ママの話に耳を傾け、そして親切に道を教えてくれるのである。

今はみんなスマホを持っているので「わかりません」と断る方もなく、すぐにスマホで調べてくれようとするので、ここで私が登場して事情を説明し、「ご親切に感謝いたします」

とお礼を言ってママからの解放を謀る。見るからに忙しそうな人たちの貴重な時間をママのためにさいて頂くのは申し訳なく、善意の方がスマホを出したらゲームオーバーというルールも加える。

ほぼ毎日、約7年間徘徊したママは、日に7人以上の方に道を聞き、夜中の徘徊では出会う人全てに「すみませ〜ん。ちょっと迷子になってしまったみたいで、お助け願えませんでしょうかぁ」と声をかけていたので、少なく見積もっても約1万人の方に助けを求めたことになるが、ママのことを無視したり追い払ったりする人は皆無だったのは、驚きだった。

ママに出会ってしまった全ての方々が親切に接してくれて、一度は別れた後も、心配になったのかママの元に戻ってきてくれる方も多く、私が登場してお礼を申し上げると、逆に「大変やけど、おばあちゃん、ちゃんと看たってや」「うちにもおったからわかりますぅ。頑張ってね」と、ねぎらいの言葉まで頂いた。一期一会の善意の人たちには、感謝しかない。

また、ママは行方不明になることも多々あるのだが、迷子札を見て電話してきてくれる方、家まで連れて来てくれる方、また交番や警察に連れて行ってくれる方など、見ず知らずの方々の善意に助けられた。こうして、大阪の街には、困っているおばあちゃんに手を差し伸べてくれる善意の人たちが沢山いることを、私は目の当たりにするのだ。

不良高校生、ピアスだらけの青年、タトゥーのお兄さん、ピンク系商売の方々に、なんの躊躇もなく道を聞くママに、皆さんが丁寧に接してくれる。私が登場して事情を説明すると「あぁ、よかったぁ。門司まで歩いて帰るって言うから、どうしようかと思ってたん。大事にしたってな」とカッコいい言葉が返ってくるのだ。人は見かけによらずと言うが、この人たちはママを無視するだろうと想像していた自分を恥じた。

ママはオフィスビルのエントランスでも平気で「すみませ〜ん、トイレ貸してくださぁい」と入って行くのだが、警備員さんに追い出されると思って外で待っていると、スーツ姿の社員さんが「さぁ、こっちです。案内しましょう」とママをウェルカムしてくれるので、あわてて追いかける私は、またまた了見の狭さに気づく。

また、「助けてくださぁ〜い。変な女につけ狙われているんですぅ。お巡りさんのとこに連れて行ってくださぁ〜い」と、通りすがりのお兄さんの腕にしがみつくこともあり、「僕、ど〜したらいいんでしょう」と私の顔を見て困っているお兄さんに「もし、お時間あれば、そこの交番まで連れて行って頂けたら助かります」とお願いすると、「途中なんで、それぐらいなら大丈夫ですよ」とママを腕にからませたまま交番に届けてくれる。

認知症について何時間も語り合うよりも、一期一会の人たちとの数分の出会いから頂いたものは計り知れないほど大きく、心からの感謝は今も続いている。こうして、行きずりの人たちとママとの出会いを見ることになった私は、自分の了見の狭さに気づかされ、《牛（ママ）に引かれて善光寺参り》というのは、こういうことかと思うのだった。

ただママは圧倒的に男性に声をかけることが多く、もし男性諸氏の母性に訴えているのだとしたら、なかなかのワルである。そして、ママを尾行する時のテーマソングは、ローリング・ストーンズの『サティスファクション』に変わっていた。

認知症介護の基本は、《けっして一人で抱え込まないこと》とされている。しかし、ママの場合、認知症患者自身が街に飛び出し、困った時は一人で抱え込まずに助けを求めた。ママは自ら困っていることをアピールして、善意の人たちと出会っていくのだが、これは通りすがりの全ての人、いや大阪市民全てを自分の助っ人やサポーターにしたようなものである。

健常者は人に迷惑をかけないことを基本に生きているので、人に助けを求めることへのハードルは高い。しかしママは、誰かに助けを求めることを躊躇しなかった。迷子のボケばあちゃんという極めて弱い立場のママが、誰に対しても声をかける強さと勇気を持っていたのだ。

この図々しさと甘えたぶりは、脳の障害による【かまってちゃんモード】かもしれないが、ママは困った時に遠慮なく声を出したので、通りすがりの見ず知らずの人たちが善意の人になってくれたのだ。これは大きな発見であった。私も今後、困った時は躊躇なく行きづりの人にSOSのサインを出そうと思う。そして、私も誰かの善意の人になろうと思う。

困っていることを知ってもらうアクションを起こさないと、助けてもらえないし、助けられない。クラーク・ケントはヘルプ〜の叫び声でスーパーマンになり、ポパイはオリーブの「助けてぇ、ポパ〜イ」の声に駆けつけ、マグマ大使はマモル少年の笛の音で空を飛び、ゲゲゲの鬼太郎は妖怪ポストに送られた手紙で行動を起こすのだ。声をあげることは、大事なのである。そうしなければ、善意の人は、人波の中で、ただすれ違う人でしかない。

ご近所さんに助けられる恒例行事の【トムとジェリー・モード】

行きづりの人に甘えるのは大好きで、【かまってちゃんモード】全開で人の善意につけ込んでいくママであるが、私に対してはどうかというと、こちらが提供する善意のサービスは、「いらん、ほっといてっ」または「ご遠慮申し上げます」と拒否である。

デイサービスから帰ってくると、「あんたには、迷惑はかけません、世話にはなりません、面倒かけません、ここには泊まりません」と【迷惑かけたくないモード】の持論を延々と述べるのだが、食事とおやつは別脳らしく、テーブルに料理が並ぶと「あんたとこの料理は、料理屋さんより美味しいわぁ」とわざとらしいお世辞を言って平らげる。

しかし、食べ終わるとケロリと【帰る帰るモード】にスイッチを切り替えるのが認知症の得意技、「ほな、さいなら。ついてこんといてなっ」と家を出て行き、私は食事の途中で箸を置き、缶ビールの残りを飲み干して、中途半端な気分の切り替えでママの追跡となる。

『サティスファクション』のスタートだ。

キタやミナミなどの繁華街では、人の多さでさほど目立たなかった母娘のスパイ大作戦だったが、地元の北浜では事情が違う。いつも会う人や顔見知りの人、よく行く飲食店の店主や時々行く店のスタッフさん、同じマンションの住人の方々、「おはようございます」「こんにちは」と挨拶を交わす人たちと、一期一会にならない人たちが暮らす街で、逃げるおばあちゃんを娘が追いかける【トムとジェリー・モード】をやらかすのである。私にカッコ悪いとか恥ずかしいとか、世間体を気にする余裕はなく、トムのようになりふり構わずママを追いかけていた。

ママは私の尾行に気づくと、「コラッ〜、ついてくんなっ。帰れっ」「まだ追いかけてんのかっ。ひつこい女やなっ。失せろっ」と大声で怒鳴るので、平和な北浜が騒然となる。さらに、80代のおばあちゃんが生意気にも尾行をまこうとして走って逃げたり、オフィスビルやお店に入って「助けてくださぁい。変な女に追いかけられてるんですぅ」と訴えるので、一悶着が起こる。ママは時々ガバッと振り向き、うっかり姿を見つけられると、こっちにズンズン近づいて来て「あんた、私のお金、持ってるんやろっ。そのバッグ、私のや、返せっ」と私のバッグをもぎ取ろうとするので、人が立ち止まる。私がママに見つかると、何かしらの騒ぎが起こるので、店の看板や電信柱や人影に隠れて尾行していると、「何してんの？」

とご近所さんから怪しまれる。

さらに、タオル地のネグリジェ姿だったり、ネグリジェの上から服を重ね着した着ぶくれ姿だったり、時にはクッションを両手に抱えていたり、虚無僧のようにバッグを首からぶら下げていたり、危ないファッションで出歩くこともあるのでやたらと目立つ。

徘徊記録によると、4年間で1338回の家出をしたので、7年間では約2340回となり、ご近所での露出度はかなりのもので隠せるレベルではない。地元の北浜で繰り広げられる【トムとジェリー・モード】は、いやが上にもご近所やお店の人たちの目に留まり、ママはかなり地元で知られる顔になっていた。

そんなこんなでママを尾行している私に、「おばあちゃん、あっちに行ったよぉ」「あそこの角を西に曲がりはったわ」「さっき、バァ〜っと歩いてはったけどなぁ」と、色々な人が教えてくれるようになる。「毎日、大変やねぇ」「ず〜っとついて歩いてるのぉ。ようやるなぁ」「今日はご機嫌で歩いてはるやん」「え〜、あれからずっと歩いてはったんですか」と、声をかけてくれる人も増えていく。

また、見ず知らずの人から笑顔で軽く会釈されることもあり、その表情から「応援してますよ。大変やけど、おばあちゃんを看てあげてね」という暗黙のエールが読み取れたりする。多分【トムとジェリー・モード】を見て、このおばあちゃんは認知症なんだろうと察してくれたのだろう。

最初に私が懸念したのは、世間はママの徘徊をどう見ているかだった。《ママの徘徊にはとことん付き合う》とルールを決めたものの、それはママと私のファミリー・ルールである。

世間は、認知症のばあちゃんが自由に徘徊していることをどう思うのか……、好き放題に歩かせるのは非常識なのか……、やはり家から出さない方がいいのか……、夜中も徘徊する危険リスクの責任をとれるのか……、異常行動のボケばあちゃんは危険人物なのか……、こんな認知症のおばあちゃんが母親なのは恥ずかしいことなのか……。そんな自問自答があったのは、ママが40年以上暮らしていた奈良の実家では、ご近所の数人からママの認知症について私に苦情がきたからだ。

しかし、オフィスビルとタワーマンションと飲食店が混在する都会の北浜では、認知症ばあちゃんの自由行動ぐらいは、普通に受けとめてくれたのだ。逆に明らかに苦情を言ってもいいぐらいのママの迷惑行動にも寛大だった。夜中や早朝でも、玄関ドアを叩いたり蹴ったりする音や、窓から「助けてぇ」と叫ぶ声、怒鳴ったりわめき散らす声をご近所は黙認してくれた。

認知症ばあちゃんだけでなく、赤ちゃんの夜泣きや子どものバタバタ歩きなどでも「うるさいっ」と怒られると、それからはピリピリしたストレスフルな生活になってしまう。赤ちゃんの夜泣きはいずれ終わり、子どもも成長すればお行儀もよくなるだろう。我慢できるかできないか、気にしないか気に障るか、個人差もあるが、苦情や文句や怒る前に、相手の事情を知って話し合えば、少しの寛容で円満に済むこともある。

とはいえ、子どもよりタチが悪く、迷惑行為がだんだんエスカレートしていくママを傍観してくれているだけで大感謝なのに、助け舟まで出してくれるようになったのだ。

認知症が進んでいくと、ママは3つあるカギを開ける組み合わせができなくなり、ドアノブをガチャガチャしては癇癪を起こし、ドアを叩いたり蹴ったり、椅子を持ってきてドアにぶつけたり、叩く音が面白いのか太鼓のように乱れ打ちをはじめ、「ハイよっ、アラよっ」と合いの手まで入れる始末。夜の暴れん坊ばあちゃんにヒヤヒヤなのだが、お隣さんは「なんの音かわかっているから大丈夫よ」と聞き流してくれた。

また、余所の家のピンポンを鳴らしたり、「助けてくださぁ〜い」と叫びながらマンション内を徘徊したり、エレベータで昇ったり降りたりして遊んでいたり、そんなママをマンションの住人さんが家まで連れて来てくれるのだ。

また、早朝徘徊スタート寸前のママを、近所の喫茶店のマスターが店に招き入れ、一杯のコーヒーで荒ぶるママの心を鎮めてくれたりする。ここはご近所の常連さんが集う店でもあり、街にさまよい出たママを何回も店に誘ってくれるので、ママもすっかり常連ぶって、北浜マダムである。

深夜3時までオープンしているスペインバルは、ママの夜の徘徊を阻止してくれる検問で、ママの家出に気づかずに眠り込んでいると、店長さんが「お母さん、来てはりますよぉ」とケータイに電話をくれるのだ。おしゃれなカウンターバーに、タオル地のネグリジェ姿のおばあちゃんがいるのは営業妨害になりそうだが、深夜の街に繰り出す寸前で、ママをナイス・キャッチしてくれるのは、ものすごく助かり、感謝しかない。

夜の徘徊では、店じまいした近所の飲食店の人らともよく会い「え〜、こんな時間まで歩いてるんですかぁ」と呆れられるが、孤独な尾行中に、知り合いに会うのはちょっと嬉しい。

さりげなく自然に、恩にきせることもなくさらりとフォローして、ちょっと見守り、少し気にかけてくれる、この絶妙な距離感のおかげで、私はあまり気を遣うことなく、ご近所さんの配慮に甘えさせてもらった。この上級のコミュニケーション・スキルは、やはり都会ならではのスマートさだと思う。毎日毎日、夕方、深夜、早朝と凝りもせず【トムとジェリー・モード】をやらかしている母娘の追いかけっこに、北浜の街のご近所さんは優しかったのだ。

こうして地元でも、ママは自分の力で顔を売り、自分を助けてくれる援軍を増やしていった。ドラクロワの絵画『民衆を導く自由の女神』のマリアンヌように、《認知症のお年寄りを地域で見守り、安心して暮らせる街にしよう》のスローガンの旗を掲げ、健常者を導いているのは、認知症患者その人、ママ自身だったのだ。

ママの警察デビューは早かった そして【お巡りさんラブ・モード】へ

当初は、ママがこれほどまで警察のお世話になるとは思ってもみなかった。一般常識として、警察のお世話にはならない生活が普通であるが、ママの場合は、迷子の当事者だけでなく、お巡りさんマニアというか制服フェチというか、ちょっと独特なご迷惑をかけることになる。

はじめて警察に捜索願いをしたのは、ママが2時間行方不明になった時だ。もう少し探した方がいいのか、もう私の力ではムリなのか、ママが見つからないショックと自分の不注意への後悔でオタオタし、状況説明とも言い訳ともつかないことをお巡りさんに説明したが、「ちゃんと見てないと、あかんやないか」とお巡りさんに怒られると思ってもいた。

ところが、東警察署の生活安全課の警察官さんは、「まかしとき。迷子の保護は警察の仕事やから、すぐに見つけたるわ。これからも遠慮せんと、言うて来てくれていいからな」と、私の全てのモヤモヤを吹き飛ばすようなことを言ってくれたのだ。パッと心が晴れ、まだママが見つかってないのに、私は笑顔になった。

ママの特徴や服装などを話すと、すぐ各署にママ保護の要請が発令、私は家で待機して警察からの電話を待つことになったのだが、その帰り道にケータイが鳴り、ママ確保の一報が入った。保護された近所の交番にそのまま迎えに行き、交番で身元引受人の用紙にサインし、判子を持っていなかったので拇印を押して、「はい、これでOKですよ。おばあちゃん、よかったな。気をつけて帰ってくださいね」と、ママの引き渡しは終わる。

ホップ・ステップ・ジャンプの魔法のような素早い展開で見事に発見されたママ。これは私にとってアメージングな体験だった。非難がましいことなく親身で、ムダなく対応して迅速にママを発見し、確保先からのスピーディな引き渡しに、心から感謝し、感激し感心し感動した。警察、すごい、プロだ。

そしてものすごく気が楽になる。ママが迷子になっても、警察が見つけてくれるんだ。一人でどうしようもなくなったら、警察のお世話になってもいいんだ。私は自分の肩の荷が、ゴロゴロパァ〜シャ〜ンと落ちていく音を聞いた。

それからの私は、毎日毎日ママの耳元にささやいた。「迷子になったら、お巡りさんとこに、行くんやでぇ」「交番はどこですかぁ。警察はどこですかぁて、人に聞くんやでぇ」「困った時は、お巡りさんに助けてもらうんやでぇ」「迷ったら、交番はどこですかぁ、警察はどこですかぁって尋ねるんやでぇ」「お巡りさんの言うことをよく聞くんやでぇ」「道がわからなくなったら、交番か警察署を探すんやでぇ」と言い続けた。洗脳である。なんでもすぐ忘れる10秒脳のママなのに、この洗脳はよく効いた。

ママは、人に道を聞く時、梅田新道でも此花でも門司でもなく、ダイレクトに「警察はどこですか」と尋ねるようになった。【帰る帰るモード】で家から飛び出しても、「すみません、お巡りさんがおられる所、ご存知ありませんか」と人に聞いては、お巡りさんに会いに行くようになった。私と一緒に歩いていても「あんた、お巡りさんとこに連れてってくれへん」と頼まれるのだ。【お巡りさんラブ・モード】の発症である。

その後、ママは徘徊常習ばあちゃんとして大阪府警のデータベースに顔写真つきで登録され、その後もホップ・ステップ・ジャンプの展開で月1～2回のペースで保護されるようになった。

私を待つ間、警察官、婦警さん、お巡りさんらが話し相手になってくれるので、ママの【かまってちゃんモード】は大満足で、優しくて悪い奴をやっつけてくれる正義の味方のお巡りさんの制服姿が、ママの脳に過剰にインプットされたと思われる。

さて、ママにとって悪い奴と言えば、自分を拉致監禁している女、門司の親元から自分をさらってきた女、自分のお金や貯金を奪った女、いつも自分の後を尾行している変な女、それは私である。【犯罪被害者モード】になって警察署や交番に辿り着くと、お巡りさんに「ほら、外に変な女がいるでしょ。ずっと私の後をつけてるんです。あの女は有名な人さらいで、門司からつけてるんですぅ」と、いかに悪い女かを延々と訴えるのだ。お巡りさんにしたら保護者同伴で来ていることなので、何をどうしたらいいのやら……。ママのやっていることは公務妨害でしかない。

さらに【お巡りさんラブ・モード】は膨らみ、夕飯を食べ終わると「ちょっとお巡りさんに相談してくるわ」と毎日のように近所の平野町交番に通うようにもなった。しばらくしてお巡りさんから「おばあちゃん、来てますよ」と電話があり迎えに行って連れて帰るという、夕方の迷惑な恒例行事になってしまった。「迎えが来ましたから帰ります。また来ます」とママが言い、「おばあちゃん、もう来んでいいよ」とお巡りさんが言う、このパターンが半年続く。夕方の平野町交番のばあちゃん襲来は、異動のお巡りさんたちの引継事項にもなる。

最悪なのは、保護された東警察署で「今晩はここで泊まります。お巡りさ〜ん、牢屋に入れてくださぁ〜い。えっ、悪い人やないと入れないんですか。そしたらちょっと泥棒か人殺しでもしてきましょうかね」とむちゃを言っては「おばあちゃん、そんなこと言ったらあかん」と怒られて、「いやだ。ここに泊まるんだっ。逮捕してください」と座り込み、婦警さんが優しく説得しても「お巡りさ〜ん、助けてくださぁ〜い」と警察署内を逃げ回り、私を指さしては「人さらいっ、悪党っ」と叫び、「怖いですぅ」と警察官のお兄さんの後に隠れて、また同じことをはじめる。

何時間も警察署内でやらかす大立ち回りは、公務妨害に近い。警察官はヤバイ人間相手のプロなので、気長にママの気分が変わるのを待ってくれるのだが、ほうっておかれると「お巡りさ〜ん、助けてくださぁ〜い」と叫ぶママに、警察官さんが「ここの全員が、警察や」と言うと、「違うっ、本物の制服を着たお巡りさんを呼んでくださぁぃ」と反撃するのだ。ママよ、それは単なる制服フェチだ。

ママは、こんな本末転倒なことを東警察署や交番で度々やらかすのだ。私はママの迷子の捜索依頼よりもずっとずっと恐縮し「お手数かけて申し訳ありません」と謝り小さくなるのである。また、パトカーで送り届けてもらうことも度々あり、ママはお巡りさんにタメ口で「サンキュ〜、またねぇ」と手を振るので、私は「お手数かけて申し訳ありません」と恐縮し深く深く頭を下げるのだった。やんちゃな子どもを持った親は、こんな気分なのだろう。

ママは地元の東警察管内以外にも、徘徊コースになる西、天満、曾根崎の警察署と各交番には大変お世話になり、大阪府警本部、此花、南、城東、福島、天王寺の警察署でも度々保護される。あちこちの警察署、交番のお世話になっているので、「おばあちゃん、こんな所で会うとはなぁ。前に平野町交番でよぅ会ってたやん」「よかった。元気に今も歩いてはるんですね」と顔見知りのお巡りさんとの再会も多く、「噂では聞いていたけど、はじめてお会いできました」と言われるほど、ママは警察関係者にもちょっとした顔になる。

こうして大阪府警のバックアップを得たことで、ママの自由徘徊に対しての私の緊張感は大幅にやわらぎ、ママの徘徊の最終目的地が警察署か交番になったことで、行方不明になっても一番安全な所にいると思うと気が楽になる。

とはいえ、せっかく保護されても、まっすぐ家に帰ってくれるママではなく、引き続き2ラウンド、3ラウンドと徘徊が続くので、また警察署や交番に舞い戻って来たりするのだ。警察の皆さんにとっては、ものすごく迷惑な【お巡りさんラブ・モード】である。


大阪府警は色々不祥事もあり世間の非難を浴びているが、大きな事件や犯罪だけでなく、ニュースにもならない私ら市民の小さな困ったことを日々解決してくれていることを忘れてはいけない。私ら母娘にとっては、東警察署ならびに大阪府警なくしては、ママの7年にわたる徘徊地獄は乗り切れなかっただろう。感謝しかない。そして最初に対応してくれた警察官さんの「まかしとき。迷子の保護は警察の仕事やから」というあの頼もしい言葉を今も思い出す。もし、あの頼もしい言葉を言ってもらえなかったら、私は徘徊という重荷を背負いきれなかっただろう。介護人生を変えた、あの警察官さんとの出会いに、感謝しかない。

ママのおかげで外堀が埋まったが認知症の周辺症状の全てが出揃う

ママとの同居がはじまって1年、認知症の中核症状である脳の記憶障害、見当識障害、理解力の低下、実行機能障害は進んでいたが、ママは着替えや食事やトイレは自分でできるし、簡単な家事ならお手伝いもしてくれた。一緒に公園や街を散歩したり、外食したりするのをとても喜び、「私は、不良ばぁちゃんです」と言ってはビールもちょこっと飲み、私の友達との飲み会やギャラリーのパーティにも普通に参加しては、「あんたのお友達はいい人ばかりやねぇ」と対等におしゃべりを楽しんでいた。

ママはいつも異常な【迷惑モード】ばかりではなく、とても可愛い普通のおばあちゃんの時もあり、私はそれを【天使ちゃんモード】と名づけた。

【天使ちゃんモード】の時のママは、「さすが大阪は食い道楽やわ、なんでも美味しいぃ」「大阪にはなんでもあるんやねぇ、欲しいもんはないけどな」「大阪の人は面白いなぁ。ポンポンポンポンってものを言いはる」「私も大阪に住もうかな、引っ越してきていい?」「なぁ、ずっとここにおらしてなぁ。大阪の子になりますと、大阪ファンである。

最初に掲げた理想のテーマ通り「楽しく笑って過ごす」ことが大好きな、人が好きで明るく元気なばあちゃんでもあった。

こんな普通でまともな【天使ちゃんモード】の時と、認知症の周辺症状である【迷惑モード】が混在するのをまだら症状というそうで、認知症の初期から末期までみられるそうだ。

ここまで書いてきたママの状況、『楽しく笑って過ごせば大丈夫、小さな希望にすがった理想時代』、『こいつはもう人間じゃない、モンスターと戦う猛獣使い時代』、『ママの犠牲になっていく私の人生と、多くの人に助けられる葛藤時代』も、順番に経過していったのではなく、様々にからみ合ったまだら状態で進行していた。わずか1年で、認知症の周辺症状（暴言・暴力、徘徊、多弁・多動、幻覚・妄想、焦燥・興奮など）による異常行動や迷惑行動の全てのバージョンが出揃ったと言えるだろう。

わずか1年でこのありさまである。次から次へと発生する【迷惑モード】の多様な展開に、健常者の普通脳はパニックであるが、やられっぱなしだけではない。この1年間は、時間とお金と膨大な手間暇をかけて、ママの異常行動を観察し、主な迷惑モードを発見し、それに対しての傾向と対策も少しは見えてきた。ただ、解決方法が見つからないだけだ。

ママの場合、【帰る帰るモード】【迷惑かけたくないモード】【ゾンビ・モード】【此花モード】【リピート・モード】【極道の妻モード】【ブチキレ・モード】などが主な迷惑モードであるが、それが家庭内で収まってくれることはなく、必ずと言っていいほど【徘徊モード】につながり、外の世界へと出て行く。

徘徊されると、ママの【迷惑モード】の現場は世間になる。逃げも隠れもできない【徘徊モード】では、トラブルやアクシデントやハプニングに世間の皆さまが関わることになり、誰かにご迷惑をかけないか、事故や事件にならないかの懸念材料が増える。

ママが行くところは、地元の北浜はもちろん、繁華街、ビジネス街、官庁街、商店街、観光地で、普通の日常がある街であり、世間そのものだ。そこに世間体を気にしないママが闖入するのである。私はただ「どうかママが誰にも声をかけませんように」と願いながら、遠巻きにママを観察し、ママが世間と関わりなく徘徊してくれることを願う、ことなかれ主義者であった。

しかし、私の心配をよそに、認知症のママ自身が世間と交わり、人と人とのつながりをあっさりと築いてしまったのだ。

1　大阪市には、ママのＳＯＳの助けに応じてくれる善意の方が沢山いてくれる。
2　ママの認知症の周辺症状からくる迷惑行動や妄想言動に対して、ご近所の方は事情を理解し、寛容に接してくれる。
3　迷子や行方不明になった場合は、大阪府警がすみやかに発見・保護してくれる。

この3つの世間の皆さまのお力添えは、私にとってはものすごくありがたいものであった。ママのおかげで、健常者と認知症の外堀が埋められたのである。

ママが徘徊したおかげで、徘徊リスクが抑えられたとも言えるし、一期一会のちょっといい話や素晴らしい出会いの体験もできた。

しかし、よくよく考えてみると、この1年間は別にしたくもない徘徊に付き合わされ、迷惑モードに振り回され、私の普通の生活はぶっ飛んだのだ。一番いいのは、ママが徘徊をしないことだ。

ママと暮らしたら、認知症がもれなくついてきた。

こんな日々がいったいいつまで続くのか、これからの最重要課題は、私自身のモチベーション、私自身の精神状態、私自身の覚悟、私自身の拠り所である。

この尋常ではない徘徊にどこまで付き合えるのか、毎日毎日、何時間も歩かれることに耐えられるのか、昼夜逆転、日の出まで歩かれる異常な生活に我慢できるのか、こんな生活を強いられることでママを恨まないか、ママがいない生活を願うようになるのか。そして、理想だけを追った《ママの徘徊にはとことん付き合う》というルールが、いつ自滅するのか。

私が耐えなければならないのは【徘徊モード】だけではない。ママの数々の【迷惑モード】の異常とも言える攻撃に、怒らず、腹を立てず、ブチキレず、むかつかず、爆発しないでいられるのか。これからの人生は《我慢強さ、打たれ強さ、忍耐強さが試される》だけなのか。

ママが認知症患者として、自分の脳の中の世界を貫くのなら、私も健常者としての自分のライフスタイルを守らなければならない。ママごとき、いや認知症ごときで、私の人生をパーにしたくない。

同居1年目にして、認知症という病の全貌はだいたいわかってきた。ただし、戦うべき敵は、身長１４０センチのおばあちゃんの脳にあるので手が出せない。それならば、こちらも健常者の脳に賭けて、智恵と工夫とアイデアでこの難局を乗り越えていくしかない。

認知症の脳と健常者の脳の意地と意地がぶつかり合う《クリエイティブ介護》のはじまりである。

5章

この状況の全てを
引き受けるしかない、
覚悟が決まった

「さとり時代」

記憶より記録が大事
観察者に徹して、悪い記憶の邪気は流す

2008年11月にママが大阪にやってきて2年目。認知症がもたらす異常言動、迷惑行為のほとんどが経験済みとなり、異常な生活が普通の日常になると、それはそれで慣れてくるものである。慣れたくもないことでも、人は順応していくようだ。とはいえ、これは悪い状況に慣れたということで、ママの【悪魔ちゃんモード】は猛威を振るっていたし、ママに振り回され、翻弄される日常が普通になったということだ。こうなると、何かにつけてママを悪者にするのも普通になってくる。

ママがやらかす悪魔の所行や深夜の地獄の行軍など、嫌な目に合う度に悪い記憶がアップデートされるので、私にとってママの記憶はスペシャル級の嫌なことばかりになっていた。

1週間前、3ヶ月前、1年前のことでも、つい昨日のことのように人に悪魔話をしたり、ママのニコニコ顔を見ていると、いい気なもんだとムカッとしたり、記憶とは、健常者にとってもやっかいなものである。ママは愛すべき【天使ちゃんモード】の時もあるのだが、

それは私にとって単に問題なしの状況であり、放置していい状態であり、記憶に残るほどのこともなく消えていった。平常時であっても、予測がつかないバイオレンスな【迷惑モード】を警戒して、常に戦闘態勢だったのだ。

例えば、【天使ちゃんモード】の時のママは、手のかからないよい子どもで、【迷惑モード】の時のママは、目が離せないやんちゃな悪ガキで、どちらも同等に可愛い子どもなのに、親は目が離せない悪ガキにかまけてしまい、よい子をほったらかしにしてしまう、そんな感じだろうか。多分私に余裕がなく、ママはいつも悪者で、私はいつも被害者と考える方が楽だったのだろう。そして、悪いママばかりにかまけて、思い出したくもない嫌な記憶ばかりになっていた。昔は鬼親、今はモンスター、こんな母親はなかなかいない。

さて、同居2年目ともなると、認知症とはいったい何なのか、この病についての興味も沸いてくる。せっかく認知症と暮らしているのだから、何かそこから得るものが欲しい。悪いことばかりではない価値とか、特別な智恵とか、お得な情報とか、認知症にならない秘技などが掴めたら、こんなラッキーなことはない。そのためには、もっと認知症を知ることが必要である。

そこで、2010年9月からブログをはじめた。認知症ママの日々の暮らしを記録として書き留めるためである。ママを客観的に観察することで、認知症ワンダーランドに踏み入り、【迷惑モード】の落とし所を見つけるのが目的である。日記ではないので自分の感情や気持ちは書かずに、ママのやらかす言動を、淡々と記録することに徹する。

これがなかなかの効果をもたらす。それまで私に苦行を強いていた【徘徊モード】も、データ収集のためのフィールドワークと考えると、1日の家出回数、歩行距離と時間、徘徊エリアなどを記録するのが面白くなり、予測さえできるようになった。もし記録をつけていなかったら、「いつもママは、色んな所をたくさん歩きましたとさ、チャンチャン」で終わっており、7年間で3000キロを徘徊した偉業は、世に知られなかったであろう。

また、今までスルーしていたママのやかましいだけのマシンガン・トークも、できる限りの範囲で口実のまま記録した。言葉は口に出した瞬間から消えてしまう息のようなものだが、ママの脳からダイレクトに発せられた言葉は、一番貴重な記録すべき情報であるはずだ。後で読み返してみると、ママなりに考えている浅智恵が面白く、子どもの日記を盗み読みしている気分でもあった。

このおしゃべり記録のおかげで、ママの中には、よい子、悪い子、普通の子だけでなく、おもろい子もいることがわかった。こんな本物のボケネタを今まで聞き流していたとは、なんともったいないことか……、ブログに記録するため、ボケネタを拾うようにもなる。それからは、人にママの話をするのは、ボケ話になる。

こうしてブログで日々の記録をつけていると、ママを記録するための観察者のスタンス、そして傍観者の視線を持つようになり、これは同時により深く鋭くママを観察することにつながった。

また、観察者でいることで、ママはいつも悪者で、私はいつも被害者という当事者意識から解放され、自分自身を自由なポジションや役回りにすることもできる。時には、ママを尾行している自分自身を含めて俯瞰の目で眺めることもあり、街をさまよう母娘コンビを、「親が親なら、子も子やな。この母娘、アホちゃうか」とあきれている私がいたりするのだ。《認知症のママからどれだけ遠く離れたところに自分を置く》かは、認知症の毒っ気に当たらないための智恵である。

また、記録することで嫌な記憶を引きずることなく、その日その日を完結するという習慣が芽ばえてくる。このリセット感覚の修得は、認知症介護においてとても重要だ。なんといっても相手は忘れるプロ、リセットは得意中の得意技なのだ。さんざん徘徊した後に、「さぁ、明日も楽しいですよぉ、みんな一生懸命、寝ましょうねぇ。何事もなく平和に寝ましょ。みんな、頑張りましたねぇ。ここは気持ち悪い家ですが、もう一晩、我慢しましょうねぇ。先生、頼みまぁ〜す」と言って爆睡されると、ムカッとくる。

食事の途中に、観たいテレビも途中で、お巡りさんの所に行く度に謝り、西陽に日焼けし、タクシーに手を上げるのを下ろさせ、足と首を蚊に食われ、ウンコがしたいと言うからトイレを探し、コンビニに寄ったらアイスをおごらされ、溶けたアイスで服を汚し、「あんた、さんざん私を連れ回して、何がおもろいのっ」と、逆ギレされたさんざんな3時間を覚えている健常者はソンだ。だからその3時間を記録して、ブログに流すのである。まさに、流す……、それでリセット。

で、私の頭の中の記憶は、「82歳のええ歳したおばあちゃんが、コンビニでアイスクリーム食べたい、食べたい、買って、買ってって、子どもみたいにごねまくって……。買ってあげたら、あんたの施しは受けませんから、私の貯金から出しといてって、偉そうにぃ。店の兄ちゃん、笑ってたわ。トイレの水を流したの私やん、見たくもないウンコ、見てもうたわ。トイレの後、手、洗ってないしぃ、アイスでベタベタの手を服で拭くしぃ、こうなると思ってたんよ、私はぁ。それやのに、汚くないですっ、汚いのはあんたやっ、あんたの根性やって、どの口が言うぅ。もう二度とアイス、買わへんからなぁ。絶対、買うたらへん」

と、洗濯機を回しながら思う。《認知症の人は、自分は常に正しく、自分の過ちを決して認めない》ということは百も承知しているのだが、ママの大イビキを聞いているとムカッとして、「アイス、絶対に買ったらへんからな」と心に刻むのだ。

しかし、これは一般社会の中でもよくあることで、何かに腹を立てると、そのことが何回も思い出されて寝られないこともあるぐらいだ。そんな時は、記憶ではなく記録に切り替えてみると、感情が出しゃばっていることがわかり、「取るに足らん、アホみたいなことやわ」と、あっさり切り捨てられたりできる。

自分の感情や気持ちを記憶するのは一番いけない。感情を軸にした記憶は怖ろしいもので、だいたいその記憶は間違っているか、勘違いか、どっちでもいいことだ。頭の中の記憶と違い、その時に起こった事実の記録は、後で読むとその当時の記憶がパァ～と思い出され、その次に感情や気分が断片的に思い出される。記録あっての記憶である。

こうして、第三者の立場で淡々とママの1日を記録することで、どうにもならないことをウジウジ考えたり、毎日の迷惑行動にムカムカしたり、そんな嫌な記憶の中だけでジタバタしていた狭い了見から、観察者、傍観者としての立場で世界が広がっていく。蚊帳の外に出ることは、大事だ。

チャップリンは、「人生は近くから見ると悲劇であるが、遠くから見ると喜劇である」と言ったそうだ。2010年9月20日から2014年4月11日までの約4年間、毎日ママの動向をブログに記録したが、今、読み返してみると、認知症のママの記録というよりは、デコボコ母娘のホーム・コメディのようでもある

※ブログ『ボケリン・ママリンの観察日記』https://asayosan.exblog.jp/

次に認知症から遠く離れたところに自分を置く方法は、ママがいない時は、ママのことを頭の中から消してしまう強制リセットだ。

デイサービスのお迎えバスに乗ってバイバイした瞬間から、ママのことはスパッと忘れる。それからは、完全な自分の自由時間、普通に物事が進む生活、認知症がいない美しい世界だ。デイサービスから帰って来るまでは、ママのことは一切考えない、思い出さない、亡き者にしておく。認知症がある時、ない時、メリとハリ、オンとオフ、である。

これは多分、働くママさんたちなら、みんなしている気分の切り替えかと思うのだが、子どもを幼稚園や学校に行かせたら、お仕事モードに切り替える、または、仕事が終わって家に帰ると、パパやママの顔になる。

私は子どもがいないし、自宅が職場でもあるフリー業、ずっと自由なライフスタイルだっ

たので、9時から17時までが自分の自由時間という、時間単位で気分を切り替えるオン・オフ感覚に慣れていなかった。しかし、ママがデイサービスから帰って来る時間が近づくと、胃がキュッと痛くなるようになった。オンとオフが、身についてきたようだ。

《歩いた分だけ、歩いて帰る》鬼の掟は、守ってもらうぜ

最初の頃、ママの徘徊を少し歓迎していたところもあった。自分の意志では絶対にやらない夕食後のウォーキングだが、ママの徘徊に付き合うことで嫌々ながらも毎日の健康習慣になったからだ。その頃のママは、1時間ぐらい歩いたら家に帰りたがったので、中之島公園や大川沿いの散歩道に誘導して、四季折々のバラや桜や葉桜を夕陽と共に楽しんだりした。ママは程よく疲れて爆睡してくれるし、私はママを追い越したり戻ったりして早歩きウォーキングでダイエットができ、一石二鳥だったのだ。

ところが、しばらくすると【奈良に帰りますモード】が猛威を振るいだし、人に道を聞いては奈良のある西を目指すようになった。奈良へ行く1本道の中央大通りを覚えてしまい、ただただ真っ直ぐ歩くのがお気に入りコースになったのだ。

この道を真っ直ぐ歩いていると、奈良と書かれた道路標識が忘れた頃に出てくるので、ママの【奈良に帰りますモード】を大いに後押ししてしまう。迷いがなければ歩くスピードも距離も伸びて、どんどん時間も延びるという困った大通りで、2時間、3時間と歩かれると東大阪市まで来てしまう。私は幹線道路の中央大通りがあまり好きではなく、早く後戻りしたいのだが、ママにストップをかけるタイミングが難しい。なんたってママは時速5キロの快足で、ビュンビュン歩くのだ。

帰りは地下鉄に乗ってもいいのだが、別に来なくてもいい東大阪市まで歩かされ、交通費を払わされて帰るということに、ものすごい理不尽さを感じ、ここは行きも帰りも徘徊という形で完結してもらうことにした。《歩いた分だけ、歩いて帰る》という、徘徊基本ルールの誕生である。

ラッキーなことに、ママには洗脳がよく効くので、そろそろ戻って欲しい頃合いになったら、「歩いた分だけ、歩いて帰るんやでぇ」「行きはよいよい、帰りは怖いでぇ」「ここまで歩いたけど、同じ分だけ歩いて戻るんやでぇ」「あまり遠くへ行くと、帰るのがしんどいでぇ」「そろそろ戻らな、この先は、生駒山があるだけやでぇ」「真っ直ぐ歩いた分、真っ直ぐ歩いて帰るしかないんやでぇ」と、語りかける。すると、正面を見据えてカッカッと歩いている時速5キロのママに、急ブレーキが入る。そしてママは、くるっと踵を返し、ほんとにマンガのように、ウソみたいにUターンして、元来た道をカッカッと戻って行くのだ。

こうした、行きはよいよい、帰りはしんどい体験は、脳は忘れても身体は覚えているようで、《歩いた分だけ、歩いて帰る》という洗脳は、真っ直ぐ歩くコースにおいては、素晴らしく効いた。

ママの徘徊はこれからどんどん激しさを増していくのだが、脳に刷り込まれた《歩いた分だけ、歩いて帰る》は、その後の同伴徘徊の基本姿勢となる。ただ、どんなに遠くまで歩いても、交通機関は使わずに歩いて戻るというルールは、ママもしんどいが私も疲れる。両者痛み分けの鬼の掟でもある。

もちろん、ママは82歳、私は50歳なので、体力的には文句なく私が有利である。しかし、どこをどこまで歩くのか、何時から何時まで歩くのか、何回徘徊を繰り返すのか、どんな【迷惑モード】で荒ぶって歩くのか、徘徊全体のストーリーを握っているのはママである。

目的地なし、ルート不明、時間未定、距離未定、攻撃性不明、徘徊回数未定と全く予測がつかないことに関わるのは、健常者の最も苦手とするところで、深夜に起こされるとうんざりするし、家からどんどん遠くに離れられると、ため息が出るばかりで、健常者のメンタルに計り知れないダメージを与える。

おまけに《認知症の人は、自分の行動に対する責任が全く取れない》ので、その行動は台風のようなもの。健常者が予測する転ばぬ先の杖を、躊躇なく吹き飛ばすので、案の定アクシデントが起こる。

徹夜の徘徊に付き合わされ、見たくもないご来光を拝まされ、したくもない昼寝をしなければならない50歳は、ママにびた一文もハンデをあげないと決める。

しかし、この予測不能の境遇は、何が起こるかわからない現代社会を生きるための、精神修行とも言えた。

私は高校時代は山岳部で、練習はただただ走ることだった。標高642メートルの生駒山を10キロのリュックを背負って走って往復する自主練習は楽勝で、自分のペースで登り降りできるので、体力配分もタイムも読めた。

しかし、先輩が先導して裏山や田畑や住宅街をやみくもに走るのを追いかける練習では、次のルートは坂道なのか、獣道なのか、階段なのか、スピードアップなのか、ロッククライミングなのか、道なき道なのかと、次の試練が見えないために体力はムダに消耗するし、モチベーションは下がるし、学校に近づいて来てやっと終了かと思ったら、再び山道にわけ入ってスピードを上げる先輩の背中に、どれほど妄想の弓矢を放ったことか。

ママの徘徊を尾行している時、この経験を思い出した。先が見えない、予測が立たない、終わりが見えない状況がどれほど人を不安にし、怖れさせるか。その状況が他者によってもたらされ、自分の力ではどうにもならない場合、その相手の背中に弓矢を浴びせたくなることを……。だから、どんな状況でも、自分で決めた自分の掟に従うことはとても重要である。

それは、自分の背中に矢は放たれないということだ。《自分が決めたことは、自分で責任を取り、人のせいにしない》は、小学校の道徳の授業で教わったような気がするが、このあまりにも当たり前過ぎる教訓が、50年の歳月を経た今、気分を晴れ晴れとさせてくれるのである。これを多分、世間では、覚悟を決めた、と言うのだろう。

だから《歩いた分だけ、歩いて帰る》という鬼の掟を決めたことで、私のメンタル面はものすごく楽になった。「だって掟なんだもん、しかたないもん」という、開き直りの気分だ。

元々このルールは、ママもしんどいが私も疲れる、両者痛み分けの鬼の掟であったが、さらに、《徘徊の全てにとことん付き合う》というオプションを追加したことで、目的地なし、ルート不明、時間未定、距離未定、攻撃性不明、徘徊回数未定の徘徊が、全て想定内になったのだ。

予測ができない徘徊を、想定内にしてしまったのだから、もう怖いものはない。どんどん歩け、好きなだけ歩け、行きたいとこまでズンズン歩け。夜でも歩け、深夜も歩け。お日様が昇る、朝まで歩け。奈良まで歩け、門司まで歩け、あの世まで歩いたら、引き返そう、なのである。

うまく家に帰るルートに誘導するとか、徘徊を早く終わらせたいとか、そんなことをグジグジ考えながら、トボトボとママの後を歩いていた時より、気分はずっとスカっとする。

この完璧な機能を備えた徘徊完全容認主義は、イデオロギー、大義、理念がある。足腰や身体が疲れるというデメリットを超え、このルールは私が決めたのだ。私が掟だ。これで完全に私の勝ちだ。

予測がつかない徘徊なら、予測がつかないものとして想定し、徘徊の全てを引き受ければいい。とても簡単なことだったのだ。

この発見は、私を驚喜させた。本当の決断とは、《状況判断をすることではなく、状況そのものを引き受けること》だったのだ。

《徘徊の全てにとことん付き合う》と決めたが、好きなだけとことん歩かれるのは、しんどいし寝不足になるし、本当のところはやめてほしい。そこでまた、洗脳の登場である。

「どんどん歩け、好きなだけ歩け、行きたいとこまでズンズン歩けぇ」「夜でも歩け、深夜も歩け、お日様が昇るまでぇ、朝まで歩けぇ」「奈良まで歩け、門司まで歩け、あの世まで歩いたら、引き返そう」と、スタスタ歩くママに、私の覚悟を語り聞かせた。

そうするとママはくるっとこちらに振り向くと、「あんた、このへんで泊まれるとこ、どっか知らん？」と聞いてきた。「場末の安い木賃宿でいいわ。どうせ寝るだけやし、明日は早く出たいからぁ」「このへんは高級ホテルしかないわ。私の家やったらタダで寝られるよ」「あんたの家は近くやの？　そしたら一晩、泊めてくれへん。少しやけど、お金、払うしぃ」「そしたら、こっちに行こか」という感じで、次はママが私の後をトボトボとついて来る。

立場は逆転した。

思うに、《徘徊の全てにとことん付き合う》という私の覚悟に、ママが怖じ気づいのではないかと思う。門司まで歩いて帰ろうとするママの本気に私が怖じ気づいたように、認知症でも健常者でも、人を動かすのは本気の気迫なのかもしれない。

ママにしたら歩くことが目的ではない。「歩いた分だけ、歩いて帰ろぅ」「どんどん歩けぇ、朝まで歩けぇ」と、横で行進曲を唄われても、本来の徘徊の目的はとっくに忘れているし、なんのために歩いているのかわかっていないし、歩けば歩くほどしんどい思いをすることは、脳は忘れていても身体は覚えている。《認知症の人は、自分が覚えてない、知らないことは、うまくとりつくろう》ので、歩くのに飽きてきたママが、今までのことはなかったことのように「あんた、このへんで泊まれるとこ、どっか知らん?」と聞いてきたのだ。

こうして、わき目もふらずに【徘徊モード】を突っ走っていたママが、興奮と昂揚のテンションが落ちて、急に我に返ったように徘徊をストップさせる瞬間を、「落ちた」と呼ぶ。

同様に、カッカと肩を怒らせてズンズン歩くママの背中から、急に【悪魔ちゃんモード】の怒りの憑き物が落ちて、普通のおばあちゃんオーラに戻る時も、「落ちた」瞬間である。

普通になった背中に声をかけると「あ~、よかったぁ。地獄で仏とはこのことやわぁ。こんな知らん所で、あんたに会えるなんてぇ、あんたとは縁があるなぁ」と、再会を大喜びされるので、家までの連行は楽チンである。

ところが、【徘徊モード】が終わっても、家から離れ過ぎていると「あんた、家はまだやの？　どこまで歩かせるの。ここはどこか、わかって歩いてるんですかっ。家があるなんて、私を騙したなっ。こんなとこまで引っ張って来て、あんたになんの得があるのっ。ジェフ〜、ジェフ君、どこやぁ〜。ばあちゃん、変な女に連れ回されていまぁすぅ。あんた、私を誘拐してもお金は出ませんよ。あっこ（私のこと）はケチやから、一銭も出しません。ご苦労さんなことでぇ。あ〜、しんどいっ。まだやのん、もう車、乗ろか。あっ、忘れてた、あんたはケチやったわ。ほんま、えらいことになってしもたわぁ」と、延々と憎まれ口をたたかれる。

興奮が再燃するとまた気分が変わり、「あんたと歩くのは嫌やっ」とUターンされ、「半落ち」になってしまうので、慎重に取り扱わなければならない。こうして、やっとこさ家に着いたたママは、着替えもしないでお布団にジャンプして爆睡だ。

さて、《徘徊を制する者は、認知症に勝てる》を掲げて、２００９年からスタートしたママの【徘徊モード】との戦い。ある時は真綿でくるむように阻止し、ある時は何時間も諭し続け、またある時はＫＧＢのスパイのように尾行し、ありとあらゆる手を尽くして辿り着いた境地が、《歩いた分だけ、歩いて帰る》《徘徊の全てにとことん付き合う》という、徘徊完全容認主義だった。

結局は、ママの徘徊勝ちである。これに気づくのに5年ぐらいかかっている。今思えば、「さっさと気づけよ」と思うのだが、簡単な結論ほど、自分でジタバタして壁に頭をぶつけて、遠回りしないと気がつかないものである。

不思議なもので、私が「全ての徘徊、全部、引き受けましょう」と覚悟を決めた頃から、ママの徘徊頻度が減り、悪質さも低下し、ほぼ毎日だった徘徊が、２０１４年の夏には月の半分になっていた。ママ86歳、私55歳、お互い徘徊に疲れたのか、ただ老いただけなのか……。

《徘徊はある時点をピークに、後は徐々に減っていく》そうなのだが、6年目でそのピークを超えたようである。長かったのか、短かったのか。

三文芝居に付き合いたくないが【女優モード】だからしかたがない妄想劇場

私がまだ認知症の素人だった頃、ママの勘違いや誤りやウソや間違った記憶は、正すのが正解だと思っていた。だから、ママの親族の消息に対する質問に、正しい情報を教えた。

「父さんは膵臓癌で病院で亡くなりました。ママ、葬式でオイオイ泣いてたやん。ママのばあちゃんも大昔に死んでます。関門海峡が見える墓にいてはるわ。かめちゃん（ママの姉）は、肺病で血ぃ吐いて死にはったようです。かずえ姉さん（ママの上の姉）は、満州で頭を銃で打たれて亡くなったそうです。えっ、ママが看護婦してた時の大先生は、多分あの世やと思います。生きてはったらギネスもんです」と、正しく死亡原因も伝えることで、ママの脳が少しは思い出し、または、少しは正しい記憶が残るのでないかと思っていたからだ。

毎回毎回、死亡告示をする私に、「あんたに聞いたら、みんな死人になるんやな。誰でも殺してしまうんやな。怖い女や」と人を殺し屋のように言うので、「そしたら、ママより年下の人の名前、言うてよ」と聞くと、「あこちゃんは、どうしてんの？」と言うので、「あっこは、私やん」と答えると、「あんたと違うっ。私の娘のあこちゃんですっ。あんたっ、あっこまで殺したんかっ」と怒り出して、【極道の妻モード】に入ることもある。

または、「あっこは、私やん」と答えると、「えっ、あんたがあっこちゃんやの。ほんまに、ほんまにあこちゃんやの。私の娘のあっこやのん。私の身内は、あんただけになってしもたんやなぁ。もう誰もいないんやなぁ。よぅ私のことを呼んでくれたわぁ。ありがとぅ。

世話になるなぁ。身内はもう、あんたと私だけやねんなぁ、グスン」と、芝居がかった声でさめざめと泣く【女優モード】に入るパターンもある。

この【女優モード】が、なかなかの曲者で、天を仰いで、「あ〜、なんで私を一人にして、みんな逝ってしまったのぉ。神様ぁ、みんな、私のことが嫌いなんでしょうかぁ。なんで私だけ置いておかれるのでしょうかぁ。あこちゃん、教えてちょうだい。私はあんたの世話になって、本当にいいのぉ。本当のことを教えてちょうだぁい。なんで、私だけやのぉ」と、迫ってくるので、「ええんちゃう」と軽く流す。

この三文芝居にかまうと大変な長芝居になるので、軽く流して閉幕にしたいのだが、ママは杉村春子ばりの熱演で、完全に自分の世界に酔っている。

【極道の妻モード】【ブチギレ・モード】もやっかいだが、「ママは今、人間じゃない。極妻だ、アル・パチーノだ、リンダ・ブレアだ」と思って見れば、こっちの世界とあっちの世界の気分的な隔離もできる。

しかし、【女優モード】は、ママの自作自演の素人芝居なので、自分がもっと楽しめて喜べて、嬉し涙で感動できるラスト・シーン目指して、私にもセリフを強要するのだ。

「ママ、実の母娘やないのぉ。遠慮せんでいいからいつまでもいてね。親孝行できて嬉しいんやから。ママのこと大好きやから、一緒に暮らせてよかったと思ってるよ。安心して、ずっとここにいてちょうだい。二人で楽しく暮らそうね」なんて言えない。私には言えない。

これが言えたら、ママは感動の至福の一時となり、【悪魔ちゃんモード】の頻度も減ったかもしれないが、私には言えない。仲よし母娘の場合は、こんなやりとりに幸せを感じ、過酷な介護の日々の、ちょっといい話になるのかもしれないが、私はムリムリ。自分が思ってもみないことは言えない。私はウソが言えないのだ。

認知症との同居も2年が過ぎると、この病気の徹底的な欠点が見えてくる。《認知症の人は、良心の異常な欠如がある》そうなので、愛情や優しさや思いやりというソフトなものでは太刀打ちできないのだ。

認知症の自宅介護の基本は、《愛情の介護では続かない。頭を使って割り切ることも必要》なので、認知症の特性をうまく生かして、忘れること利用する、認知症の人の信じる世界に合わせる、ウソも方便で都合よく使うなど、相手をうまく騙すことが得策なようなのだ。だからこっちも役者になる必要は、確かにある。

ママは、第三者から優しくされるのは大好物で、【かまってちゃんモード】全開で子犬のようにキャンキャン喜ぶのに、一番身近な家族である私に対しては、「ほっといてちょうだい」「かまわんといて」「あっちいけ」と、のら犬のように追い払う。《認知症の人は、最も身近で信頼すべき家族に対して、意地悪をしたり辛く当たる》というのが定番らしいが、それは信頼している相手への甘えの言動らしい。しかし、ママの場合は、親を裏切った家出娘のことを心の奥底では信用していないので、私を人殺し扱いするのは、本気のような気がする。また、私を褒め殺しにする時もあるが、周辺症状の多弁・多動のひとつと考えて、本気にしないでスルーする。

だから、私の立場は、ママの観察者と同時に傍観者でもあって、家族とは少し違うのだ。お気づきかと思うが、ママは私のことを「あんた」と呼ぶ。あこちゃん、あこ姉ちゃんと名前で呼ばれたのは、同居1年目ぐらいまでだったろうか。「あこちゃん」「あこ姉ちゃん」は、よく口にはする名前なのだが、私ではない場合の方が多い。ママの中でこの名前は、漠然とした娘のイメージの象徴のようなものだと思う。ただ、デイサービスでは、あっこがいないと探しているそうだ。

私が考えるママとの同居の定義は、《ママが生きている認知症の脳の世界と、私が生きている健常者の現実社会は全く違うが、それぞれが自分が生きる世界を信じながら、同じ家で暮らしている》である。

母親というよりは、極妻のくせに無邪気な悪女で、寄生的で無責任な詐欺師で、自分に甘く他者に冷淡な暴君で、ずる賢く人を操ろうとする策士で、平然とウソをつくが自分の過ちを決して認めない政治家で、あんぱんとプリンが好きな甘党という、個性的で魅力的なキャラクターの集合体が、認知症のママなのである。

だからある意味、ママは様々なキャラクターを演じている女優で、毎日毎日いつでもどこでも【女優モード】なのかもしれない。そしてもう、酒井アサヨという実社会で暮らしていた昔のママに戻ることはない。

認知症という別世界の住人たちは、抑制や制約や規則のない、本能に近い自由な脳の世界で生きている。逆に言えば、認知症の魅力的な妄想の世界は、健常者には思いもつかないクリエイティブな世界であり、これはちょっとうらやましい。こうして、ママの【女優モード】のちょい役も兼ねることとした。私はウソは言えないが、ホラなら吹ける。【妄想劇場モード】のはじまりである。

南警察署に保護されて、迎えに行ってからの帰り道、ママがよそ見ばかりして歩くので、

「ママ、何をキョロキョロしてんのよ」と聞くと、「住み込みの看護婦さん募集の張り紙が、ないかなぁと思って、探してんねん」。この言葉を聞いた瞬間、いつもの繁華街の街並みがセピア色になり、昭和20年代頃の風景に重なる。「ママ、そっちの大通りは飲食店ばかりやから、こっちに行ってみよか」。堺筋から脇道にそれて、人通りが少なくなった道を二人で歩いていると、「私、この辺に見覚えあるわ。確か大先生はこのへんで医院してはったと思うわ。あこちゃん、こっちに歩いてみよか」とママが率先して歩き出した。「この辺やったら、あんたの家から通えるんやけどなぁ。なぁ、もし、住み込みをしてなかったら、あんたの家から通っていい？」「いいよ」「ありがとう。頑張って働いて、家にも少し、お金、入れるわ。あ〜よかった、これで安心やわ」と、キョロキョロ看板を確認し、ある家の前で、窓から必死で中を覗こうとしているので、「何してんの」と聞くと「大先生は引退して、若先生になってたらどうしよぉと思って、ちょっと覗いてみてん。私のこと、覚えているかなぁ。いや、患者さんが覚えてくれてはるわ。私、注射の名人やってんよ。みんな私をご指名するねん」に、「あっ、そう」と軽く返事をする。

《認知症の人は、自信満々でよく自慢話をする》が、ママの看護婦時代の自慢話は、注射の話だけで延々に終わらない。「さて、今日はもう遅いから、明日、先生とこに訪ねてみるわ。そして仕事、決めてくるからね。その後、あんたの家に戻ってきていい？」「いいよ」「ありがとう。頑張って働いて、家にも少し、お金、入れるわ」と、【妄想劇場モード】のまま、家に帰って気持ちよく寝はる。

そして新たに【子どもがいないモード】が登場した。その子どもとは、私のことなので、時代を超えて出演しなければならない【妄想劇場モード】だ。

「あれ、子どもたちがいないわ。あんた、子どもらどこに行ったか、知らへん？　えっ、知らんって、可愛そうに、暗くなって迷子になってるんやわ。あかん、探しに行かなあかんわ」と、ママが騒ぎ出すので、「大丈夫、もう帰ってるわ」と答えると、「あんたはひどい女や。子どもがいなくなったのに、ビール飲んで、平気やの。昔からあんたは心の冷たい女やった。あかん、探しに行ってくる」と出かけようとするので、「お巡りさんに探してもらうから、待っとこ。電話しとくから」と電話のふりをして、「お巡りさんが、寒いから家で待っててくださいって」。それからはず〜っと「あんた、電話ないやないの、さらわれたんと違うの。可愛そうに、どこかで泣いてるわ」と騒がれるので、「ママ、プロが探してくれてるから、大人しく待ってて」となだめるが、「あかんって、私やないと見つけられへん。一緒に来てぇ」「はいはい。あの子は不良やからゲームセンターか居酒屋にいるわ」、「子どもがそんなとこにいるわけないやん」「いや、あの子は遊び人やから、夜遊びしてる。ちょっと寒いからコート着てね」、「夜遊びって、子どもが夜に遊ばへんわ」「よい子やったら家にいる。あの子は親の育て方が悪かったんで、グレてるねん。絶対、飲み屋にいる」「そやけど、帰ってくるかもしれんなぁ」「いいや、帰ってこん。今頃ビール飲んで、ししゃもかじってるわ」「あんた、子どもがそんなお酒なんか飲むはずないやん」「そしたら、北風ピューピューの公園に探しに行こか」「いや、あの子は公園では遊ばへん」「いや、子どもは公園でしょ」「いや、もう帰ってくるわ」で、北風ピューピューに怖気づいたママは、もう外に出る意欲をなくし、「もう、ほっとこか。もう子どもやないし、自分でどうにかするでしょ」と、急に子どもを大人扱いしてあっさり切り捨てる。これで、私もゆっくりししゃもでビールが飲めるのだ。

ただ、北風ピューピューでも雨嵐でも、必死の形相で捜しに出ていくこともある。【子どもがいないモード】で外に出た場合、ママは必死に通行人に迫り、「すみません、これくらいの子ども、見かけませんでしたか」と手で1メートルぐらいの身長を指すので、聞かれた人は驚き、私もすぐに間に入って説明してストップをかける。これにママは激怒し「あんたは人でなしかっ。子どもがさらわれたんやで。あんたもグルかっ」とわめき散らす。とてもめんどくさい【子どもがいないモード】なのだ。

しかし、必死で子どもを捜しているママは、今から50年以上前に、本気で迷子捜しをしていた若かりし頃のママでもある。子どもの頃、私はよく行方不明になり怒られていたので、私がママを追いけるのは因果応報かもしれない。怖ろしや。

こうして《ママが生きている認知症の脳の世界と、私が生きている健常者の現実社会は全く違うが、それぞれが自分が生きる世界を信じながら、同じ家で暮らしている》はずだったのが、ママ寄りのクリエイティブな世界に傾いていく。我が家の時代はあちこちに飛び、24時間朝昼夜の観念がなく、殺し屋や人さらいがいて、亡くなった人は生き返り、子どもたちはいつも迷子の、そんな役者が多い家になってしまった。とほほ。


ところで、ママは本当に女優デビューしたのだ。ドキュメンタリー映画『徘徊～ママリン87歳の夏～』は、題名通りひと夏のママの日常を追ったもので、見事な主役ぶりである。2015年秋に劇場上映された後、現在も全国各地でホール上映が続いている。不思議なことに、この映画が撮られた後から、ママの徘徊はどんどん減っていく。

※『徘徊～ママリン87歳の夏～』（田中幸夫監督）公式HP http://hai-kai.com

手抜きや横着に知らぬが仏はズルではなく処方術である

こうして、色々なアプローチや考え方で、なんとかこの理不尽で不毛な日々に、「楽しく笑って過ごす」という付加価値をねじこませてきたが、どうしても嫌で嫌でたまらなかったのが、深夜に起き出されることだった。

食後に出て行かれて、そのまま朝まで歩かれるのは、よしとしよう。《歩いた分だけ、歩いて帰る》《徘徊の全てにとことん付き合う》のルールがある。

古の昔から「自分で決めたことは、自分で守る」「自分で決めたことは、やり遂げる」は、両親、祖父母、学校の先生、クラブの先輩、職場の上司、スポーツのコーチなどが言い続け、テレビのCMやドラマ、本でも映画でも見ない日はないほど人気のフレーズだ。

老若男女、世界共通の普遍的なこの教訓は、やはり王道ならではの値打ちがある。私のような怠け者でも、「だって自分で決めた掟なんだもん、しかたないもん」という境地に入れたからだ。メンタル面で覚悟が決まっているので、徘徊で歩くことと、ママへの怒りや怨みや腹立ちは別問題と考えるようになり、感情を達観できるようになっていた。

しかし、夜討ちは別もんだ。ルール違反だ。これはダメだ。天誅だ。寝ているところを起こされる、寝ていたのに起きなければならないことに、ものすごい嫌悪を感じる。生理的、精神的、肉体的にもダメである。私は、元々怠け者なのだと、本能が叫ぶ。

寝ていると、玄関のカギをガチャガチャする音で起こされる。3個のカギを全て開ける9通りの組み合わせに苦戦しているのだ。ちょっと見ればわかりそうなものだがそこは認知症、闇雲に開け閉めしている。

玄関を諦めて、トイレに行った後、お布団に戻って寝ることもある。部屋の照明のスイッチを点けたり消したりして、ふざけたマネをすることもある。家中をウロウロしてどこかにぶつかり、椅子にケンカを売っていることもある。この間、布団の中から耳を澄ましてママの動向を想像する。ここで、私にひとつの試練の時が来る。起きて介添えするべきか、このまま放置するかだ。

もし、玄関の3つのカギが偶然ビンゴしてドアが開き、エレベータの音がしたら、尾行をしなければならない。ママは徘徊をスタートさせたわけで、《徘徊の全てにとことん付き合う》というルールがあるのでしかたがない。夏は許せるとして、冬は靴下を履きコートを羽織り、薄着のママの上着を抱えて街に出ると、人っ子一人いないシーンとした暗黒の時間帯に、一挙に身体が冷える。

健常者ならここでお布団が恋しくなるのだが、ママはスタスタと歩きはじめている。テンションは下がりドヨ〜ンと憂鬱になるが、もし、掟破りをすれば、ママは凍死するだろう。冬の深夜の徘徊を『八甲田山』と名づけたのは、主役の高倉健が過酷な撮影現場で文句ひとつ言わなかったというエピソードを思い出したからだ。こんな雑学が、ちょっとだけテンションを上げてくれる。

しかし問題はその前なのだ。ママが起き出したと気がついた時、その時にどうするかだ。ママが起きた気配がする。トイレなのか、寝ぼけているのか、徘徊希望なのかはわからない。すぐに起きてトイレをさせて、お布団に誘導すれば問題ないかと言えばそうでもない。ヘタに手を出すと深夜の【悪魔ちゃんモード】に入り、もう本当に心底うんざりする目に合うかもしれないし、ママが起きる度に布団に寝かせて、また起きられて布団に放り込んで、また起きられて布団に転ばしてて、夜明けまでイタチごっこをさせられた嫌な経験もたっぷりある。認知症の迷惑行動のひとつ、昼夜逆転だけは本当にうんざりする。

起きたくない。私は眠いのだ。耳は澄ますことはできるが、身体は完全に寝ている。起きるのは嫌だと、頭と心と身体がきっぱり拒否している。

だからママが深夜に起き出した場合のルールは、あえて作らないことにした。外に出て行ってしまえば、嫌でも《徘徊の全てにとことん付き合う》のルールが起動し、深夜の行軍がはじまるのだ。夜中にちょっと起き出したぐらいで、私が起きる必要はない。私は寝たふりをすることにして、ママにはじめてのルールを与えた。《ママよ、家庭内徘徊ぐらいは、自力で布団に戻って来ておくれ》だ。

朝起きてみるとトイレの手前に水たまりがあったり、とんでもないものを踏んで悲鳴をあげることもあるが、あえてこのリスクを取ることにした。なぜならママも、自力でお布団までたどり着けずに、ソファで寝ていたり、家中のクッションを集めた山にもぐり込んでいたり、普通に椅子に座って寝ていたりするからだ。両者、痛み分けである。

睡眠中だけでなく、ギャラリーで人の出入りが多い時、家事でバタバタしている時など、ママが出て行ったことに気づかないことも多々ある。

警察署や交番から電話があり、ママを保護してますと言われてはじめて気づくのだ。最初の頃は、自分の不注意を反省もしたが、家出が常習化していくと、不眠不休でママを100%監視するのはムリだという妥協案が常習化していく。ただ、私が横着をして何かあった時、罪悪感を覚えるのも嫌だ。しかし、手抜きや横着は必要悪であり、それをよしとしないとやっていけない。ここで、真面目と横着の葛藤が起こる。

そんな時に、あることに気がついた。ある日、ギャラリーの奥でパソコン仕事に集中していたら、大阪駅交番からママ保護の電話があった。全く気づかなかったが、梅田まで歩いたのなら1時間以上前には出ていったはずだ。その間、全くノーマークだったので、私は心配する必要もなかった。知らぬが仏だ。

またある日、深夜に隣のスペインバルの店長さんから、ママが来ているとケータイに電話があった。私は完全に熟睡していたので、起こされるまでママの家出に気づかなかった。知らぬが仏だ。

知らぬが仏というのは、知ってしまうと心配するが、知らないと平静でいられるということだ。台風の夜、怖くて寝られなかったという人もいれば、熟睡して朝まで気づかなかったという人もいる。知るか知らないかでは、全く心の状態が違うのだ。

この知らぬが仏という状況は、何も起こらなかった場合は、とてもラッキーでお得だ。

しかし、何かが起こった場合、後から真実を聞かされた当事者は、自分を責めて苦しむ。映画やドラマでもよくあるではないか、なぜ気がつかなかったのか、なぜ目を離したのか、なぜあの場を離れてしまったのか、何かが起こった後では、全てが一変してしまう。知らぬが仏は、知らぬ間にとんでもないことが起こった場合、良心の呵責を覚えることになる。

一緒にいても、ママは転ぶ。それが不可抗力であっても、私の不注意や油断のせいだと自分を責めるのか。私が最も避けたいのは、何かがあった後に、その後の自分の人生に、後ろめたさや罪悪感に苛まれるトラウマを抱えることだ。

もし取り返しがつかないことになってしまった場合、ママの不注意や油断を責めるわけにはいかないので、自分を責めることになるだろう。良心の呵責や自責の念で後悔する日々は辛いかもしれない。でもそんな過去から抜け出し、救われていくことをテーマにしたドラマや小説や映画は山ほどある。罪悪感から抜け出せる資料はたくさんありそうなので、不慮の事故に対するルールは、《アクシデントや事故は、起こった後から考える》にする。

ママは私と手をつないで歩かないし、階段や段差で手を貸しても払いのけるので、自らリスクの高い歩き方を選んでいることになる。そこで、健脚自慢、外出好きのママには、《歩くという行為は、歩いている本人が全ての責任を負う》という基本ルールを与え、ここは自己責任とさせて頂く。信号無視を注意すると、「どうせ死ぬんですから、いいんです」と言うので、「ママは死んでもいいけど、ママをひいた車の運転者さんが気の毒やのっ」と、最低限の交通ルールを守らせることぐらいしかできない。

ママは、今まで救急車で運ばれたことが10回ぐらいある。顔面から転けることが多いので、顔が血だらけになりMRIで診てもらって異常なしだったり、頭を縫ってもらったり、手首の骨折で手術が1回、背骨の圧迫骨折は自然治癒となった。

ママの転倒事件が起きるのは、知らぬが仏の状況下ではなく、私と一緒に歩いている時ばかりだ。寝たきりになるほどの大きなケガをしてないのは幸運である。

しかし、「あなたが、ちゃんと看てないから、転んだりしたのよ」とか、「もっとちゃんと看てないとダメじゃないか」と、怒ったり責めたりする家族がいたら、味方のはずの家族が、介護している家族の足を引っ張るという、本末転倒なことが起こる。これは認知症だけでなく、子育てにおいても同様だろう。

私はラッキーなことに、おひとりさま介護なので、全てが自己責任で完結する。ママと同居するにあたって様々なルールを決めたが、それはルールがあると私自身が楽だからだ。「だって自分で決めた掟なんだもん、しかたないもん」という覚悟があれば、後はルールに従うだけでいい。

こうして大きなリスクについては、優先事項のルールを決め、その他の生活に関わる些細なことは、横着や手抜きをしてバランスを取る。

ひょっとしたら起こるかもしれない事故や事件の全てを想定するのはムリである。まさかの事故に合うかもしれないそのリスクは、認知症も健常者も同じだ。知らぬが仏の利点は、何も起こらなかった場合はラッキーで終わり、そしてほとんどの人が、ほとんどの時間を知らぬが仏で過ごしている。

アクシデントなど何かが起こった場合、心配りや注意や配慮を怠ったとか、愛情や優しさや思いやりが足らないとか、批判だけする人がいかに多いかは、最近のネットの中傷や炎上のニュースを見てもわかる。

どんなに気を遣っていても、アクシデントは起きる時には起きる。アクシデントが起きた時、メンタル的に立ち直れる裏ルールも、自分の中でこっそり作っておくのも肝要である。

ママは2018年で91歳になった。何があってもおかしくないお年頃である。知らぬが仏は、知らないことをいいことに、責任逃れをするという意味もある。自分で自分の責任逃れをすると、トラウマになったりするから困るのである。ただ、寿命は、神様が決めるので、知らぬが仏だ。

10年という期限を決めた完璧ルールで良心の呵責も負い目もなし

今だからこそ、ママの徘徊は7年間続いたと簡単に言っているが、当時はこれがいつまで続くのか全く先が見えない、まさに出口のないトンネルを這うような日々だった。

様々な病気が寿命を縮め、余命宣告を受ける人もいるが、《認知症の人は、同じ年齢の正常高齢者より、老化が2~3倍の早さで進む》そうなのだ。出口のないトンネルはそれなりに早く抜けられるようだが、出口はどうもあの世の入り口のようである。タロットをする友達に「なぁ、ママの寿命をみてくれへん」と頼んでは、コラコラと叱られていた。

もし、ママと閻魔様とのご対面日がわかったら、ママの老後は期限限定となるので、限られた時間を最優先にするだろう。また、先が見えるということは、全てを想定内にしてくれるので、こちらも計画が立てやすい。

その来るべきXデーの日まで、ママの年金と貯蓄を配分よくお楽しみに使い、徘徊のお供も進んでするし、暴れ放題ののしり三昧でも笑顔で受け入れ、ママが会いたいなら、男前のお巡りさんや善意のイケメンさんのところにもお連れする。あんぱん、タイ焼き、あずきバー食べ放題、なんでも好きなようにやってくださいのわがままプランをご用意するだろう。なんと言っても時間は限られている。あの世に向かって走れ！のご奉公なのだから、誠心誠意のお世話にも力が入る。そして、精一杯、悔いなく尽くした後の達成感と開放感は、さぞかし素晴らしいことだろう。しかし、ママの場合は、年月を重ねるごとに生きるエネルギーに満ち溢れ、トンネルはどんどん長くなるばかりで、出口が見える気配もない。

たとえ認知症であっても、一生で一回のママの老後である。期限無制限のスペシャル・コースにしてあげたいのだが、ママの暴言悪態と徘徊のパワーは、おばあちゃんの皮をかぶったMI戦闘車なので、こっちは常に戦闘態勢になり、《認知症介護の武器は、我慢強さ、打たれ強さ、忍耐強さ》しかないから、理不尽な状況に甘んじるしかない。この戦争は、いつ終わるのか、いつ終わらせるのか、いつ終わることができるのか、その方法ばかり考えていた。

一番いいのは、施設に入ってもらうことだが、ママはデイサービス2カ所をクビになり、徘徊を理由に1カ所は書類の提出で落とされたほどの問題児。デイサービスから脱走して警察から電話がかかってきたり、他の利用者さんを怖がらせたりするので強制早退となり、引き取りに行く日も多かった。ショートステイの日は、問題があると夜中の2時、3時でも呼び出されるので、休養どころか緊張の自宅待機である。

こんなママが施設でいい子にしているわけがなく、学級崩壊は目に見えている。どんな症状の認知症でも預かってくれるスペシャルな施設もあったが、入居料もスペシャルな高額だ。ケアマネージャーさんと施設の相談もしたが、当時は悪魔度マックスだったこともあり、ママが入所したことで平和な施設が戦場と化すのは申し訳なく、しばらくは様子をみることにした。

親を自宅介護している私のことを、親孝行な娘さんと褒めてくれる人もいるが、本当は施設に預けることができずに、しかたなくママと同居していただけで、親孝行でもなんでもない。消去法でこうなっただけで、要は、逃げられなかったのだ。

そんなママでも、『窓際のトットちゃん』のトモエ学園のように、面倒を見てくれるデイサービスがあっただけでもラッキーなことで、早朝の徘徊でマンションに戻れない時も、ママがいる場所に迎えに来てくれてピックアップしてくれたり、ママの身勝手な行動にも臨機応変に応えてくれた。

何より一番感謝したのは、8時40分から17時過ぎまで、約束の時間まできっちり預かってくれたことだ。施設内では大変なことになったことも多いと思うが、そんな報告は一切私にせずに、知らぬが仏をさせてくれる。このデイサービスに巡り会わなければ、私は戦死していたと思う。おかげで今も、毎日ご機嫌でこのデイサービスに通い、10年もお世話になっている。ママもデイサービスが大好きなので皆勤賞を頂き、第二の我が家のようになっている。感謝しかない。

認知症素人の最初の頃は、今まで通りの普通の生活をしながら、ママの世話のプラスアルファも、自分なりに準備もしていたつもりだった。しかし、ものすごいスピードで理不尽と不毛と異常な日常になってしまい、自分の暮らしがガタガタと壊れていく恐怖におののいた。ママの存在は、私の人生にとって余計なものでしかなかった。

ある日、私の人生はママに壊されていくとか、私の人生は終わったとか言っているが、その壊されたくない人生とは、どれほどのものなのか、どんな価値があるのか、そんなことを思った。

ママがいると、自分のペースで食事ができない、お風呂に入れない、好きに寝られない、晩酌ができない、猫と遊べない、仕事ができない、ママを置いて外食ができない、深酒ができない、テレビをゆっくり観られない、旅行に行けない、こんなもんである。

今までの暮らしが自由気まま過ぎたので、自由を奪われたと大騒ぎしているが、こんなことは子育てしているママさんたちは、当たり前のことで、職種によっては、私生活の楽しみを犠牲にしたり自粛している人たちもたくさんいる。

そしてママの人生を振り返ってみると、私がオギャーと生まれてからは、夜泣きで起こされ、おしめを替えて、乳や離乳食を与え、私は虚弱体質だったので医者通いをしていたし、幼稚園、小学校は、ちょっとしんどいとすぐに早退していた。今考えるとADHDだと思うのだが、協調性がゼロで団体行動ができずに、好きなことは熱中するが嫌なことは逃げ回るので、ママは度々学校から呼び出されていた。生まれてから10歳ぐらいまでは、何もかも母親に頼り切った生活をして、尻ぬぐいもさせていたわけだ。

物心ついた頃には、ママは鬼親だったが、子育てに翻弄されて、自分のことは二の次だった10年間だったはずだ。ただこれはママだけでなく、ほとんどの母親が経験していることだろう。

ママが子育てに全力を尽くした10年があったのなら、私も10年間は、自分のことはちょっと諦めてママの世話をするのは理にかなっている。これで、プラスマイナスゼロになる。

この考え方は、私を驚喜させた。10年はしかたがない、10年は我慢しよう、10年だけは世話をすればいいのだ。10年間という期限を決めたことで、出口のないトンネルの先に10年後の年季明けの光が見えた。

10年後のその時が来たら、奈良の実家を売ってでも有り金を集めて借金してでも、どんな高額な施設でも絶対に入れてやる。そして私は自由になるのだ。このプランで、私の未来への道は開けた。さらにこのプランの素晴らしいところは、10年間育ててもらった恩を、きっちり10年分お返しできることだ。負い目も良心の呵責も負債もゼロになるという、完璧なプランとも言える。

こうして、10年は看るという期間限定にしたことで、私のトンネル脱出プランが想定内となった。この10年間期間限定ルールを思いついたのは、同居して5年目ぐらいだったのだが、それから【極道の妻モード】と【ブチギレ・モード】は燃え尽きて灰になり、【ゾンビ・モード】と【此花モード】は、妄想・幻覚の症状と混じり合ったおとぎ話化していった。そして7年目で【徘徊モード】は、完全に終わり、それからは【天使ちゃんモード】でいることが多くなっていた。

そして、ついに10年の年季奉公を終え、約束の２０１８年を迎えることができた。

今のママは、人の善意を叩き潰していた【悪魔ちゃんモード】は消滅し、「はい」とお返事できて、「ありがとう」「サンキュー」とお礼が言える、可愛いおばあちゃんになっている。これなら安心して、施設に預けることができる。優良認知症患者だから、別にスペシャルな高額施設に入れなくても、どんな施設でも大歓迎で受け入れてくれるだろう。ママ、よく頑張った。やっと年季が明けた。ブラボー。

6章

認知症の勝ち組になったママ、
妄想ばあちゃんになっていく

「楽勝時代」

認知症が進んだら新しいママ・キャラに生まれ変わった

10年間は何があってもママとの同居を続けるという【10年ルール】を決めた時点で、すでに5年ぐらい経っていたので、実質の年季奉公は残り5年。それほど長期でもなく短期でもないし、あと5年というカウントダウンがはじまったことで、明るい未来の幕開けとなった2014年。私の気分もグンと楽になり、日々の生活にも楽しみをプラスしていく余裕が生まれた。ママ86歳、私55歳である。

さらに、【10年ルール】前半戦を終えた頃から、ママの【悪魔ちゃんモード】の頻度や濃度が薄まっていくのだが、このラッキーな兆候の原因は、どうも認知症が進んだおかげのようなのだ。認知症が進行することで、認知症の暗雲が少しずつ晴れていくという、摩訶不思議なことが起こっていく奇跡の年の幕開けである。

その前に、あれほど健常者をビビらせていた【極道の妻モード】と【ブチギレ・モード】は、憑き物が落ちたというか、反抗期の嵐が去ったというか、脳が足を洗って堅気になったというか、2年ほど大暴れした後は、ウソのように消えてしまった。

今思えば、認知症初期のママの脳内は、まともな部分と異常な部分がせめぎ合い、意地とプライド、怒りと悲観、混乱と不安のごった煮状態。こんな時に頼りになるはずの自分の脳が、混乱の原因なのだから、【極道の妻モード】にも【ブチギレ・モード】にもなりたくなる。脳がダメなら感情が動き、感情が興奮すれば身体が動き、身体が動けば本能が動き、全身全霊でブチギレて、何かに怒りをぶつけるしかない、どうにもならない衝動だ。これは、子どもが大人になる時の思春期の反抗期の逆バージョンとも言えるかもしれない。なんでもできた酒井アサヨという大人から、誰かの助けが必要な認知症という病人になってしまったことへの、猛烈な反作用だ。ママ自身も一番辛い時期だったと思う。

この時期が、認知症のママにとっても、健常者の私にとっても第一の関門だった。認知症になりたてのママと、認知症の症状を初めて見る私、どちらもが素人同士なので、ここはお互い地獄を見るしかなかったろう。

認知症が進んで、正常な部分が異常な部分に飲み込まれていくと、怒りの反抗期が消えて、自分の疑問や不安を何回も何回も聞いてくる【リピート・モード】に転化していくのだが、そのうち【リピート・モード】も過激さが薄れていき、子どもの「なんで、なんで？」と同じレベルになっていく。大型台風が、熱帯低気圧になった感じである。

そして、丸7年間ほぼ皆勤だった【徘徊モード】が、2016年春、家出回数約2340回、徘徊時間約3000時間、徘徊距離3000キロ以上、最長徘徊時間15時間、最長徘徊距離1日12キロという優秀な成績で卒業する。

ただ、あまりにも徘徊が日常化していたので、記録ノートに徘徊なしの○マークが増えていったことに気づくのに時間がかかったほどで、「いやいや、また、はじまるかもしれない」と、徘徊しないママに半信半疑でもあった。そして、ママはもう徘徊しない人になったことが確定した時、万歳三唱してシャンパンを開け、3日3晩『雨に唄えば』を唄い踊ったものだ。これで、私の人生の80％は取り戻せる。そして「ママの徘徊が、終わったぞぉ」と、友達やご近所に言いふらした。

極めてタチが悪かった【帰る帰るモード】も、《歩いた分だけ、歩いて帰る》の鬼の掟が効いてきたのか、家出してもしんどい思いをするだけと身体が覚えたのか、【家から出たくないモード】に変容していった。

「どうせここに泊めてもらうなら、もうここにいましょう」「上げ膳据え膳は飽きたけど、もう少しおらしてもらおか」「私はじゃんけんで負けたので、ここに初めて来ました」「ここにいた方が安全や。ちょっと休ませてくださいって言えば、泊めてくれるわ」「すみませ〜ん。ちょっと死んだマネしますが、寝ているだけですぅ」「私はここにおらなあかんのですぅ。哀れな女になりましたぁ」「助けてくださぁ〜い。なんや、誰も来ないんか。そしたらここにいましょうか。ここにいた方が安全ですよ」「みんな寝ますよぉ。ここの人に寝かせて頂きますすって申し上げてから、寝てくださいね」「子どもは15人ぐらいまでなら、ここの人は泊めてくれるそうですよぉ」「ここのお布団は、暖かぁいですよぉ。お風呂を飲んでるみたいですぅ」「ここは一服する所が一杯あるから、みんなどうぞ寝てください」と、人まで誘って泊まっているのだが、私のことを民泊の管理人と思っているようである。

また、ママを悩ましていた亡き夫、亡き母や亡き姉たちの記憶が消えたことで、亡くなっている人に会いに行くという無茶な行動や、亡くなった人に会いたいという恋慕の想いがなくなり、【ゾンビ・モード】が消えていった。同時に人殺しや人さらいも消えてくれる。そして、「なんやぁ、みんな死んだんやなぁ。それはよかった。ややこしい親戚は、おらんほうがいいわ」と、親族一同を二度殺したママは、あの世で村八分になるだろう。

この急激に【いい子ちゃんモード】に変化した原因は、認知症がどんどん進んだおかげのようだ。《認知症は、脳の萎縮により、記憶、認識、判断、学習などの知的能力が低下する》のだが、ママを不安にしていた過去から現代に至る記憶の断片、チリ、欠片が消えていくことで、心を悩ませる原因そのものがなくなっていく。中途半端な情報が散乱しているファイルを全て捨ててゴミ箱を空にしたら、あらあらスッキリ、新しい空っぽのパソコンに生まれ変わりましたとさ、という感じだろうか。

認知症が怖れられているのは、記憶がどんどん失われることなのだが、この記憶障害がいい仕事をしてくれたとも言える。また、年相応の老いも加わることで、異常なエネルギッシュさやアクティブさが薄れていったのも原因だろう。認知症の進行と老いの進行の両輪の輪が、いい塩梅にママを普通のおばあちゃんにしてくれたようだ。

そして2016年春、ママは認知症業界史上、最も衝撃的なことを言い放った。それは、ママが認知症という病気を完全に掌握した瞬間であり、認知症であっても幸せな老後に踏み出した第一歩であり、認知症という病気との戦いにママ自身が勝った勝利宣言でもある。

私は、頭が悪いんですぅ、おバカなんですぅ、
すぐになんでも忘れるんですぅ。
でも、忘れた方がさっぱりしますぅ、忘れる方がいいことありますぅ。
私は忘れても大丈夫なんですぅ。あっこがいてくれますからぁ。
私は、「わすれびとさ〜ん」なんですぅ。

ママは認知症のくせに、忘れることを認識し、忘れることを理解し、忘れることを学習して、自ら「わすれびとさ〜ん」というキャラまで立ち上げてしまった。認知症のデメリットであるはずの忘れるということを、驚異のクリエイティブ力でメリットに変え、健常者には絶対にマネできない、脳が司る制御や抑制から解放された新しいポジティブ脳に進化させている。

ママはもう過去を憂うこともなく、未来に怯えることもなく、今がよければ全てよしのポジティブ・シンキング脳になったのだ。現実とは別の、しかし現実より自由で面白い認知症の世界と共存する、ママの新しい老後のはじまりだ。

認知症が進むということは、わずらわしい脳から解放され、本能と感情に素直に従い、ス

トレスもなく、ただただ今を生きる喜びを謳歌し、本当の自分の世界を生きることだとしたら、悪くない病気かもしれない。

「皆さ〜ん。お食事ができましたよ〜。一口でも食べて、記憶してあげてくださ〜い。美味しかったなぁ〜って、思い出にしてあげたら、作った人も喜びますよぉ」と、自分が覚えられないことは人に託すママ。

そして、「今日はゆっくり寝ましょうね。今日も色々ありました。今日もちゃんとマイナスをプラスにしましたからね、だから、グングン寝ましょうねぇ」と、何ひとつひきずるものなく眠りにつく。ママも【10年ルール】のプラスマイナスゼロの基本理念に洗脳され、ママなりに理解しているようだ。認知症であっても、自分が幸せになる力は衰えていない。

そして私は、２００６年にはじめてしまったタバコを、10年後の２０１６年にやめる。

【10年ルール】で、子どもに返っていくママとやっと大人になっていく私

こうして、認知症が進むことで、ママをモンスターにも悪魔にもしていた周辺症状（暴言・暴力、徘徊、多弁・多動、昼夜逆転・興奮など）が消えていき、甘いもの食べて、おしゃべりして、お布団で寝られたら幸せな、可愛いボケばあちゃんになっていった。

しかし、心と脳が穏やかになっていく反面、できないことは劇的に増えていく。高らかに「わすれびとさ〜ん」宣言をした後は、もうできないことだらけとなっていくのだが、こんなことぐらいは、こっちがフォローできるので全然ＯＫである。ちっちゃい子どもと思えば、なんの問題もない。母娘逆転は、むしろ私が望んでいた理想型とも言える。

今のママは、♪甘くて美味しいプリンちゃん、プリンちゃん、プリンちゃん♪トロリとお口へプリンちゃん、プリンを食べよぉ♪という、私が唄う歌で目を覚ます。もう、お口にプリンが待ちきれず、布団から両手を出して起こせと意思表示。お互いの両肘をガッツリ掴

み、お互いの膝を当ててテコの要領でヨイショとママを立たせる技は、息もピッタリだ。そして、向かい合わせでママの両肘を持って、私は後向きで歩いてゆっくりとトイレに向かい、便器に座る前におしめを替えて、便器に座って着替えてもらい、洗面所で洗顔して、ゆっくり歩いてソファに座る。朝食のプリンとバナナを潰した大好物を乗せたスプーンを、ア〜ンと大きく開いたママのお口に入れた瞬間、「わぁお〜、おいちぃ〜」と目が輝けば、今日1日のママの幸せは保証されたようなものだ。お口から喉を通ったフローズン・プリン・ア・ラ・モードの味が消えないうちに「はい」と次を催促し、一口食べては「はい」と催促、「はい、はい、はい」と、リズミカルに息の合ったスプーン・リレーで、舌なめずりして食べ終わると、デイサービスにお出かけだ。

あれだけ私と手をつないだり、手を借りるのを嫌がっていたママだが、今は自ら両手を差し出して、立たせてもらい、歩かせてもらい、トイレに連れて行ってもらい、ソファに座らせてもらい、何もかもしてもらうのが当然のように振る舞い、「ありがとう」または「サンキュー」と女王のように軽く礼を言う。私はママの家臣である。しかし、これでいいのである。一生で一回のママの老後、甘いものに夢中の子ども口で、妄想のお友達とおしゃべりを楽しみ、ゆっくりゆったりと1日が過ぎていき、嫌なことが何ひとつない毎日を過ごしてくれたら、それで上等である。

私は最初から、老いとは、子どもに戻っていくものだと思っていたので、快適な暮らしのための家事諸々はもちろん、生活に関わる世話やママができないことをフォローすることが介護だと思っていた。ママが認知症と診断された当初から、《認知症は、一度得た知的機能が低下することで、自立した生活が困難になる》ことはわかっていたので、できないことが増えていく現実は、認知症の基礎知識とも言える想定内事項である。

それなのに、ママが反抗し抵抗し逆らったのである。あっさり甘えておけば本人も楽ができたのに、「あんたの世話にはなりません。私は自分でできます」と、できないことをできると言い張る意地とプライドが、快適な暮らしを炎上させ、シンプルな生活を異常にし、いらぬ労力を増やしていった。こうして、やっと全面的に【甘えたモード】になってくれたおかげで、私のいらぬ労力は激減し、スマート&シンプルな生活がはじまった。私の独身一人暮らしの自由な生活は、ママという外圧で徹底的に叩きつぶされ焦土となったが、その何もないところから、新しい生活の芽が出て育っていたのだ。

こんな簡単なことに気づいてもらうのに約8年もかかってしまうのが、認知症という病気のめんどくさいところだろう。さっさと【甘えたモード】になってくれていたら、本人も楽だったはずなに、随分と遠回りさせてくれたものだ。しかし、私がママを【甘えたモード】にさせてあげるのがヘタだったせいとも言える。

ここが安心安全で、衣食住が整い、外食や散歩やおやつのサービスつきの民泊であることを洗脳するのに約8年もかかったということは、ママが約8年間も私を信用できなかったということでもある。隠しているつもりでも、私の心の奥底にあった「これだけやってあげてるのに、なんでわからへんのっ」という苛立ちや怒り、陰で邪魔者扱いしている態度、恩着せがましいところを見抜かれていたのだろう。

さて、ママがクッションを差し出して、「あんた、この子たちをちょっと触ってみなさい」と言うので、「あ~よちよち、可愛いねぇ」とクッションを抱きしめると、「よし、合格。この子は悪い人には噛みつくけど、いい人にはなつくねん。これであんたがいい人なのが証明されたっ」と言われた。このクッションは、悪い人は襲うように、ママが長年にわたって教育したそうだ。これは、踏み絵か。ママもきっちり、私を試しているのだ。

結局は、《ママが生きている認知症の脳の世界と、私が生きている健常者の現実社会は全く違うが、私がママの世界に合わせられるようになった》のに約8年かかったということで、私の【10年ルール】は、なかなかいい線を突いていたわけだ。そして、やっと私のイメージしたママと私の普通のつつましい生活になったわけだが、これを一番助けてくれたのは、10年という歳月がもたらしたママの老化のせいのような気もする。

２０１８年秋、ママ91歳、私59歳。ママの認知症介護生活は終わり、これからは、老いた母との同居生活がはじまる。

できないことが増えていくのが自然 協力してくれたら、さらに自然

認知症の症状や進行具合は、人によって大きく違うそうだが、ママのできないぶりは、認知症と診断された２００６年、ママ78歳の時からすぐにはじまった。ママの場合は、３ヶ月ごとにできないことが増えていっただろうか。それは、昨日はできたことが、今日はできな

くなる、さっきまでできたことが、今はもうできなくなる、そんな劇的なできないぶりなのだ。そして一度できなくなったことは、もうずっとできないことリストに加わっていく。

例えば、自転車は一度乗れるようになると身体が覚えてしまい、意識しなくても自然に乗れるようになる。そうなれば、あとはずっと無意識で乗れるようになるので、いちいち考えなくても、身体が自然に動いてくれる。自転車、水泳、キャッチボール、走るなどの運動のほか、日常的に行っている掃除、洗濯、料理などの家事作業も、慣れてしまえば意識しなくても手が動く。こうして一度覚えた動作や作業は、一生忘れることがなく、無意識に自然に行える永久記憶になるそうだ。

同居をはじめた頃は、ママに食後の洗い物を頼むと、率先してやってくれた。自分の食事を済ますと、「お嬢様、洗い物をいたしますので、早くお食べください」と、台所と食卓の行ったり来たりがはじまる。空いた皿類を片づけて、しぼったふきんで食卓を拭き、空いた茶碗を洗いに行き、しぼったふきんで食卓を拭き、まだ私が食べているのに「早く食べてしまいなさい。あと一口、ほれ、それ、ぽいと口に入れなさい」と命令し、しぼったふきんで食卓を拭く。次は、グラスが空になるのをふきんで食卓を拭きながら待ち続け、しびれを切らして「あんたの酒はしつこい。きれいな酒やないっ」と怒り出すほど、任務の遂行に熱心だった。

それなのに、3ヶ月ぐらい経ったある日、突然プッツリとできなくなった。洗ってと頼むと「そんなん、わからへんもん」と言う。それ以来、洗い物ができない人になった。

同様に、洗濯物を畳んでもらうと、それはそれは1枚1枚丁寧に完璧に畳み、その見事な仕上がりに、主婦とは洗濯物をこんなにも美しく畳むものかと感心したものだ。ただ、ギャラリーで作家によるTシャツ展を開催した時、ハンガーにかけてディスプレイしていたTシャツを全部きれいに畳まれていたのにはズッコケた。それを何回も繰り返され、1週間の会期中、ずっとママの畳み魔との攻防である。畳むの厳禁の命令はすぐ忘れ、私の目を盗んで、ギャラリーに行っては畳んでいるという執着ぶりだ。それなのに、ある日突然、洗濯物に興味をなくす。ママのためにわざわざ用意している洗濯物の山なのに、「そんなもん、知らん」と言う。それ以来、洗濯物を畳むことができない人になった。

また、かけていないと「メガネがない、メガネがない」といつも大騒ぎする、裸眼で下半分が老眼鏡のメガネ。転けるたびに、レンズが傷ついたり、フレームが折れたりするので、予備のメガネも含めて、結構出費がかかった。でも今考えると割れにくいプラスチック・レンズが転んだ時のクッションになって目や脳を守ってくれていたような気がするから、ママにとってはヘルメット代わりだったのかもしれない。

ただ困るのは、ママがメガネをかけたまま寝ることだ。「ママって、寝るんやから、メガネ、ここに置いとき」と言っても、「メガネがないと見えません」「だからぁ、目をつぶっているんやから、メガネいらんやん」「いいや、メガネがないと、夢が見れません」と言い張り、朝になると歪んだフレームがママの鼻の上に乗っている。そんな大切なメガネが行方不明になった。いつもなら大騒ぎするのだが、その日は、メガネのことは一切口に出さない。それから、ママはメガネをかけない人になった。

こうして、日常生活において、意識しなくても自然にできる作業や動作が、次々にできなくなる。食器の洗い方、洗濯物の畳み方に続き、靴の履き方、トイレの使い方、文字の書き方、箸の使い方、ご飯とおかずの食べ方、歯の磨き方、服のボタンの留め方などなど、ずっと当たり前に普通にできたことが、突然、わからないことになる。

玄関のカギの開け方がわからなくなったのは、家出防止につながってラッキーであったが、「あれっ、ドア、開かへんやん。誰がこんな悪さをするんやろ。おかしな家になってきましたねぇ」と、できないことは人のせいにするところは、《認知症の人は、自分の失敗やミスを絶対に認めない》をよく表している。

さらに、服を着るのも、裏表を反対に着たり、後前を逆に着たり、ボタンを段違いで留めたりするのは日常茶飯事となり、コートやセーターの上に薄いブラウスを羽織ったり、服の上からタオル地のネグリジェを重ね着したりと、ファンション・センスもぶっ飛んでいく。こっちがちゃんと着せようとすると、「誰かぁ、助けてくださぁい。おいはぎが出ましたぁ、服を盗られますぅ」や「あなたは、なんの権限があって私を裸にしようとするんですか。触るなっ」と、徹底的に反抗されるので、だんだん着たきり雀になる。

椅子に座っているママを見ると、ズボンは太ももから膝の上に置いただけで、ブラウスも胸の上に置いただけで、腕を袖の下に隠して着ているように見せているのだが、立ち上がるとズボンとブラウスは、床に落ちる。あまりにも子ども騙しのお着替えに、ばあちゃんバージョンの『ミスター・ビーン』を見るようだった。

自分で服を着たり脱いだりするのは、もう完全にできないくせに、私が着替えを手伝うことを嫌がり、朝は寝間着から服に着替えるのに一悶着、夜は服から寝間着に着替えるのに二悶着だ。たかがお着替えに、1日2回もプロレスごっこをしなければならないのがめんどくさくなり、もう服のまま寝てもらうことにした。認知症介護のテレビ番組で、「着替えに30分もかかるんです」と嘆く奥さんがいたが、私はとっとと放棄して、デイサービスでのお風呂とお着替えに、ママの身だしなみを一任する。デイサービスには、荒ぶるママを落ち着かせるのが得意なスタッフさんがいてくれたのだが、それでも「本日、お風呂は、断固拒否されました」と書かれた連絡帳を見ると、ママがどれほど暴れたかと想像して恐縮する。お風呂に入らなくても、着たきり雀であっても、ママの自業自得だ。

【10年ルール】の年季が明けた今はどうかというと、私の誘導に合わせたお着替え作法がしっかり身につき、ムダのない美しい流れで着替えをしてくれる。おしめを替えた後で用を足してもらい、トイレに座ったままで、「はい、あんよ、スルスル、こっちも、スルスル」とパジャマのズボンを脱いでもらい、「こっちのあんよ、入りますぅ」と言うと足を少し上げてくれるので、ズボンがスルスルと入る。「はい、次はこっちのあんよ、入りますぅ。引き続き、靴下、履きますぅ」で、次の足を上げたままにしてくれるので、スルッと一気に靴下履き終了。「はい、頭スッポンしますよ。次は、お手々スルスルで〜す」でパジャマの上を脱いでもらうと、「はい、頭スッポン、お手々スルスル、入りますぅ」で、下着やブラウ

スを着て頂く。洋服のお着替えは本人が協力的なら、それはそれは美しい流れで、気持ちいいほどにスムーズに完了するのだ。着替える度に「気持ちぃぃですぅ」と感謝を述べるのもご愛嬌である。

さらに、あれだけ嫌がっていた洗顔も、今は自ら洗面台の上に首を突き出してくれるので、ジャブジャブ水で顔を洗える。そして「気持ちぃぃですぅ。ありがとぅ」と、毎回感謝を述べるのだ。こうした身だしなみのサポートは、本人が協力的ならば、お互いがものすごく気持ちいい華麗なるルールとマナーが作られる。これは、子どもにはわからない、大人ならではのお作法の境地だろう。

健常者なら全く意識しなくても身体が自然に動いてくれる、お箸を使ったり、髪をといたり、お尻を拭いたり、顔を洗ったり、グラスを持ったりする、そんな無意識で行える日常的な動作や作業ができなくなってしまったママ。しかし、♪甘くて美味しいプリンちゃん♪の歌で目を覚ましたら、起きる、おしめを替える、トイレに座る、用を足す、着替える、顔を洗う、ソファに座る、髪をブラッシングする、お口をアーンする、プリンをゴクンする、水を飲む、靴を履く、エレベータに乗る、階段を10段降りる、デイサービスのお迎えの車のステップに足を乗せるという一連の朝の流れを、身体が覚えてくれたようで、ママは無意識にこちらの動きに協力的に合わせてくれる。「さぁ、ここはウンコちゃんもできますよぉ。ちゃんと真面目に座ったら出ますよぉ。ここのトイレはス〜と出ます」と、トイレ作法も見事な便秘知らずである。

今はもう自分で立ったり歩いたりすることもできない。ソファか便器に座っている以外は、私が両手でママの肘をがっつり握っていなければ、転けるか倒れるかしてしまうのだ。だから歩行は、イチニーイチニーイチニーサンとワルツのステップで、ママの身体が右に傾いたら左に反り返りジルバを踊り、ママの左の膝がグラリとしたら私の右足を間に入れてタンゴを踊るという息の合いようで、やっとリードがしやすいパートナーになってくれたわけだ。ママが少々ぐらついても、がっちりフォローして微動だにしないこと山のごとしなので、ママは安心しきって逆らわずに自然に無意識に両手を差し伸べる。徘徊が激しい時は、私の足腰が鍛えられたが、今は両腕で歩行を助けるので、二の腕が鍛えられている。

ただ、ママのおしめデビューは遅かった。ママは88歳までパンツだったのだ。徘徊中にママがキョロキョロしだしたら、トイレを探していることが多く、トイレというよりは用が足せる物陰を探しているのだ。一度、ビルとビルの隙間に入って行ったママが何をするのかと見ていたら、おしっこをしたのには驚いた。それからは、キョロキョロしだしたら声をかけるのだが、案の定「あ〜、丁度よかった、おしっこしたかってん。トイレに連れてって」と頼まれる。ラッキーなことに、街はコンビニだらけなのでトイレに困ることは少ないのだが、ママは水を流さないので私が流すことになり、だいたい長い奴が1本か2本ある。ウンチがしたかったくせにおしっこと言うのは、ママなりの恥じらいのようで、私が「でっかいウンチ、あったわ」と言うと「ウンコなんかしてません。あんたがしたくせに、人のせいにするなっ」と怒るのだ。

ママが3日続けておねしょをしたのをきっかけに、おしめになったのだが、もっと早めにおしめにしていたら、夜にトイレに起き出すことも、トイレに起きたついでに徘徊することも減ったかもしれない。ただ、このおしめの装着と脱着がなかなかの手間で、今のようにママが協力的でないと、ちょっと大変な惨事になる。朝、たっぷり重くなったおしめを取り替えようとすると「助けてくださぁい。お尻が盗られますぅ」と逃げ回られるのには、うんざりした。それからママは、どんどん子どものように素直に従ってくれるようになったので、ギリ88歳からでよかったと思う。今は、「おしっこしたい人はいますかぁ。したい方は、何月何日何分とちゃんと先に言いましょうねぇ」と言うほど、礼儀正しい。

こうして、できないことだらけになったママだが、気持ちよく日常的な所作を自然にこなしている。朝起きて、デイサービスに行って、帰ってきて寝るという、極めて規則正しい1日のタイムスケジュールそのものが、身体が覚えた自然体の永久記憶になったのかもしれない。認知症であっても、快適を欲する力は、衰えていない。

そして不思議な記憶の蘇りもあった。ある時から、デイサービスのお迎えの車を待っている度に「この辺は、どこも壊れてないいんやね。よかったね。大きなビルがいっぱいあるのに、どれも倒れてないねぇ」と、空を眺めては言うようになった。「この辺は、地震の被害はなかったんやねぇ」と、ママが言い出した時には、東日本大震災が起きた2011年3月11日から2年経っていた。

ずっと雑な扱いをされている実娘のあこちゃんと、色んな先生たち

ママが私のことをあこちゃん、またはあこ姉ちゃんと名前と実物を一致させて呼んでいたのは、同居してほんのわずかな時期だけである。あとはずっと「あんた」と呼ばれていた。夫の正夫さんは、ママのことを「オイ」と呼んでいたが、それは用事を頼むための呼び鈴のようなもので、ママが私を「あんた」と呼ぶのも同じ理由だ。

今思えば、ママの中であっこちゃんの記憶が鮮明なのは、子ども時代から家出をした18歳の頃ぐらいまでだから、突然おばはんになって現れた私は、ママにとってのあこちゃんではなく、「なんか偉そうにして、私に命令ばかりする怖いおばはん」であり、「あんたは、あこちゃんと違う。あこちゃんは、もっと可愛かった」と言うのは、ある意味とても正しい。学生時代の同窓会に行くと、「このおっさん、おばはんの集まりはなんなんだ」と、自分のことを棚に上げて思うぐらいだから、疎遠になっている親子は、お互いが高齢になる前に会う回数を増やし、年相応に老けていく顔を親に顔認証してもらわないと、「あんたは、どなた

さん？」と言われることになる。

　さて、【10年ルール】前半戦では、主に職種やキャラで呼び捨てにされていることも多く、人さらい、人殺し、泥棒、悪党、怖い女、変なおばはん、ドロ亀、不良娘と、ろくでもない呼ばれ方をされていた。私のことは、家に帰してくれず、お金を盗み、閉じ込め、見張り、尾行し、また監禁する悪い奴と思っているのだから仕方がない。《認知症の人が思っていることは、本人にとっては絶対的な事実である》のだから、ママにとっては、私は悪い人なのである。私だってママのことを、極妻、エクソシスト、悪魔、モンスターと呼んでいるのだから、ここは似た者母娘の痛み分けである。

　ママが大阪に来てすぐに、ペットに名前をつける感覚で、ママにママリンという新しい名前をつけた。ずっとママと疎遠だった私は、母親とか家族とかの扱い方がわからず、ましてや認知症患者としてうちにやって来たママは、もう母でも親でもお母さんでもない別物の人格を持っている。母さんやママやおばあちゃんと呼ぶには抵抗があり、そのために、新しい同居人としての名前が必要だったのだ。ママリンと命名したことで、怖ろしい悪魔的な実体とは裏腹に、ちょっと可愛さが加味され、家族なんだからという呪縛からも解放される。私がママリンと呼ぶので、周りの人からもママリン、ママリンさんと呼ばれるようになり、この可愛らしい呼び名のおかげで、ご近所やギャラリーのお客さんに親しまれる。

※この本では、ママという名称にしているが、本来はママリンと呼んでいる。

このように私は、ママのことを気分でママリン、ママリンリンと可愛く呼んだりして努力しているのに、ママは私のことを最初から悪い奴と思っているので、扱いはひどいものである。私がいつも見守り、助けに来てくれる人であることに気づいてもらうには、ママの気分が劇的に変わるタイミングを待つしかない。それは、ママが心細くなって、誰かを頼りたくなる気分の時だけなのだ。

真っ暗な深夜の徘徊で、人通りもなく、疲れて心細く、途方に暮れている時に登場するのが、正義の味方のあこちゃんである。この時ばかりは、「あ～、あこちゃんやないのぉ。助けに来てくれたんやなぁ。ありがとう」と、熱烈に感謝される。ただ、疲れていなくて、野心的で、途方に暮れていない時に登場しても、「あんたは私を殺しに来たんかっ。帰れっ。つきまとうなっ。ついてくんなっ、気持ち悪い女や」と罵倒される。そして「私は、いつも絶対に助けに来てくれる人がいるんです。あこちゃんが来てくれます。最後はあこちゃんが、絶対に助けに来てくれるんです」を言われても、そのあこちゃんが私なんですと、途方に暮れてしまうのだ。こうして声をかけるタイミングを誤ると、また一から【徘徊モード】に火をつけてしまい、あこちゃんは正義の味方になり損なう。

ある時、深夜の造幣局の門の前で、途方に暮れているママを隠れて見ていた。「誰かぁ、助けてくださぁ〜い。酒井アサヨですぅ。私はここにおりますぅ。どなたか、助けてくださぁい。あれっ、おかしいなぁ。いつもは助けが来るはずやのにぃ。今日は、おやすみぃなんですかぁ。私はここにおりますぅ、助けに来てくださぁ〜い。どなたかぁ、いらっしゃいませんかぁ」と、助けを呼んでいたが、だんだん「あこちゃ〜ん。あこ姉ちゃ〜ん。助けてくださぁ〜い。あこちゃ〜ん、どこにいるのぉ〜。あこちゃ〜ん、あこちゃ〜ん」と、べそをかいている。その姿は、『禁じられた遊び』のラストで、孤児院に連れて行かれるポーレットが、「ミシェル、ミシェル、ミシェル」と少年の名を呼んでいたのが、最後に「ママ〜」と叫ぶシーンを思い出させた。ママも最後は、「あこちゃ〜ん」なのかとちょっと感動して、帰りにアイスクリームでも買ってあげようかなと思いながら登場すると「あんた、遅いっ。どこに行ってたんよ。もぅ眠いわぁ。はよ帰ろっ」と、怒鳴られた。さすが認知症、気分のリセットが早い。私も逃げ出したバカ犬を見つけた気分で、ママリンを家に連れて帰るのだ。

さて、【10年ルール】の後半ぐらいからは、私のことを、先生、責任者の方、代表者の方、会長さん、ここの奥さん、親分さん、大将、いつもいる人、管理人の人と呼ぶようになるのだが、一番よく呼ばれているのは、先生である。ママにとって先生は、なんでも教えてくれる信頼できる人の象徴で、悪い奴から助けてくれる正義の味方の象徴としてのお巡りさんと同様、今も絶大な信用を置いている。

私を先生と呼ぶようになってからは、「先生、なんでもおっしゃってください。先生の命令なら、なんでも聞きます」と殊勝なことを言うようになった。「ここの先生は一番大切な方ですぅ。なんでもご存知な方ですので助けてくれますぅ」と、信頼さえも勝ち取るのが2014年頃からだ。

「まさかこんなことになろうとはねぇ。ここにおらしてもらえるのは、先生のおかげです。なんでも命令してください。おっしゃる通りにいたしますぅ」「先生は、なんでもご存じゃから、出されたものは、なんでも食べますぅ」「ここに泊めてもらえるのは、本当に嬉しいです。お礼になんでも言うこと聞きます」「はい、先生。ここにいたらなんでも答えが出てくるので安心です」「ここの人は、いいアイデアをお持ちなので、なんでもいい案が出ますので、泊まっても大丈夫です」「ここの人は、なんでも解決してくれる、大将さんですぅ」と、絶賛し、さらに「すみません先生。私とあこちゃんの二人をここに置いてもらえませんでしょうか」とお願いされる。

そして、寝る前にはひとしきり先生とお話をするのだ。まずは、布団の中から「先生、助けてくださぁ〜い」と言うのがお決まりの第一声で、「もう、助かってまぁす」とお返事するのがお決まり。「よかったねぇ。もう、助かっているそうですよ。ゆっくり寝んねこできますよぉ。正月までには、起きましょうね。さぁ、正式に寝ましょうねぇ。は〜い。トロトロ、フワフワ、ヌクヌクですねぇ。とても楽しかったですね。先生、ここで好きなようにやらしてもらっていいでしょうかぁ。は〜い。ネンネン、コロリと寝ていいですかぁ。ずっとここにおりましょう。外に出たら殺されるって、先生がおっしゃってましたよ。は〜い。いけないものは、いけないですからねぇ、先生にお聞きしましょうねぇ。私は強いから、戦いますぅ。やっぱり、先生に戦ってもらわないと、仕方ないですねぇ。は〜い。先生に、謝ってもらいましょう。さぁ、本格的に寝ましょうかねぇ。は〜い」と、こんな独白が1時間から2時間、延々に続く。本当にうるさい寝る寝る詐欺である。

ところが、朝にママの髪をブラッシングした後、ママのそばに戻ると、「あ〜、先生。お待ちしてました。ここの先生はあかんです。ここの先生が、私の頭をポンポンって叩くんです。私、頭、叩かれました」と、私にきっちり言いつける。頭、叩かれたって、ブラッシングされただけなのだが、ママはすぐに先生に告げ口するタイプの生徒なのだ。そして時々、「あかん、帰ろぅ、帰ろ！　ここにはここの形式があるからつまらん。皆さ〜ん、帰りますよぉ。新しいメンバーを集めましょう。どうぞ皆さん、先生のおっしゃる通り歩いてくださぁい。出発ぅ〜進行ぅ」と、謀反を試みるが、結局、先生頼りとなる。

一時期、私のことを酒井さんと呼んでいたこともあった。これは、デイサービスから帰ってきて、玄関にある酒井の表札を見て、「泊めてくれるお家の方のお名前ぐらいは、きっちりお名前でお呼びしないと、失礼に当たります」と考えてのことだと思う。

とはいえ、自分の名前も相当怪しくなっているママ。デイサービスで描いて持ち帰る塗り絵の名前の欄に「酒井アサヨ」と書くべきだが、読みを駆使した佐加井とか、坂井とか、差か井とか、見た感じの近い形で海井とか、配井とか、それなりに考えているところがご愛嬌だが、ついに「世界アサヨ」ときたもんだ。さかいアサヨから、一字違いのせかいアサヨへ。ママは、考えることがでかいっ。

そして、実娘のあこちゃんは、「礼儀知らずの子は、あまり好きではないんです。我が子であっても　あこ姉ちゃんは自慢じゃないけどダメでした」らしい。こうして私は、ずっと雑な扱いを受けている。

2018年正月明けの1月6日、デイサービスで高熱を発し救急車で運ばれ、胆のう炎で入院した。点滴で順調に回復したものの、見舞いに行っても寝たきりで何もしゃべらず、虚ろな目で心ここにあらずだった。看護師さんからは、「娘さんが来られると、目の光が強くなられますよ」と言われたが、私には目力の違いはわからず、察するに、私のプリンのお土産に目が光っただけのような気がするが、多分これが正しい。

12日間の寝たきり生活で、足腰が弱ってしまったので、ケアマネージャーさんと次の段階の介護を相談していたが、見る見る復活した。そして、こんなことを私に訴える。

「先生、私は酒井でございます。ここに引っ張って来られて住んでいます。他の先生にお尋ねしたいことがありまして、先生、なんとかなりませんでしょうか。ここの先生にちょっと疑問がございまして、専門的にお聞きしたいのです。性格のいい先生がいらしたら、よこして頂きたいのです。やっぱり、色んな先生がいらっしゃいますでしょ」。
ママは、実娘をセカンドオピニオンする気らしい。

ヤマザキの薄皮つぶあんぱんのためなら魂をも売る女である

ママがこれほど、ヤマザキの薄皮つぶあんぱんが好きだったとは、いやこれほど愛しているとは思わなかった。このあんぱん・ラブに気がついたのは、同居して随分後のことだったのだが、もっと早く気がついていたら、荒ぶる【悪魔ちゃんモード】の時に、あんぱんで気をそらす作戦もあったわけで、ママの個人情報の収集ミスでもある。奈良の実家で、あんぱんの痕跡がなかったのは、多分、買った分だけ全て食べ尽くしていたのだろう。最初はただのパン好きだと思って、トーストサンドやサンドイッチを作っていたのだが、ママが欲していたのは、パンはパンでも菓子パン、菓子パンの中でもあんぱん、あんぱんの中でもヤマザキの薄皮つぶあんぱんが好物中の好物だったのだ。

今にして思えば、私のことをあんぱんをくれる人と洗脳しておけば、あんぱん先生やあんぱん姉さんと呼ばれて、尊敬されていたかもしれないし、徘徊でも「あんぱんのお家に帰ろうか」と言えば「はい」とお返事して、ウキウキと帰ってくれたかもしれず、大変惜しいことをした。

ママだけではなく、ヤマザキの薄皮つぶあんぱんを好む認知症高齢者は多いようで、食事は終わっているのに、お腹が空いたと食べ物を要求する認知症によくある症状の場合、このちっちゃい1個を与えると満足するそうだ。別に食事をしたいわけではなく、ちょっとお口に何かを入れたいだけなので、《介護家庭は、ヤマザキの薄皮つぶあんぱんを、切らしたことがない》というのが、認知症あるあるらしい。

ママもあんぱんのためなら魂も売るし、ウソもホラも、陰謀も詐欺も、人を陥れたり騙したりしてでも、手に入れようとする。目的のためなら手段を選ばないその手法は、認知症らしいアバンギャルドでエキセントリックなものである。だいたい布団の中で寝ているくせに、朝の第一声が、「あんぱん、食べたいっ」なのだ。「まだ早い。寝ときぃ」と言うと「あんぱんくれたら、また寝てもいいよぉ」と交換条件を出してくる。

あんぱんを食べるための猿芝居も、即興劇とは思えないバリエーションである。「おかしいなぁ。いつもはあんぱんさん、ポンとお手手の中にあるんやけどなぁ。ポンって、やって来ないですねぇ。もう少し、お外にお手手を出しときましょか」と、両手を広げて待っている。こんなに待ち焦がれられると、ついあんぱんを手の上に、ポンと乗せてしまい、そうすると「わぁ～、やって来ましたよぉ。ポンと飛んで来ましたぁ。おケガはありませんかぁ。誰かに空から捨てられたんですねぇ。可哀想にぃ。あ～、甘くて、おいちぃ～」と、食べてしまう。

また、ママにしか見えない子どもたちのせいにすることも得意技で、「すみませ～ん。子どもたちがお腹が空いたそうですぅ。いやいや、ご飯みたいな大層なもんはいりません。おやつで十分です。この子らは、わがまま言いません。あの可愛いあんぱんがいいそうですぅ」と頼まれてあんぱんをお持ちすると、「みんなぁ。あんぱんが来ましたよぉ。あれ～、なんで食べへんのぉ。おいちぃのになぁ。そしたら、私がよばれましょ」と、食べてしまう。

「あんぱんちゃんは、ちょっとずつ食べるようにねぇ。パァ～と食べないようにしましょう。はい、わかりましたか。なくなる前に、先生が、もっと早く食べてもいいって言っています。なくなったら、1、2、3、10個ぐらい、持って来てくれるので、半分に分けてくれるそうです。あっ、あんぱんさんが来ましたよぉ。えっ、子どもたちは、いらないそうです。これがあったら、もう子どもはよろしい」と、子どもを無視して食べてしまう。

夕飯を用意しても、「これは子どもたちにやってくださいぃ」とか「お腹がいっぱいですぅ」とか「どなたかぁ〜、ご飯が来ましたよぉ、食べてくださ〜ぃ」とぐずぐず言い、クッションさんに「お食べ」と皿を乗せたり、水のコップにおかずを入れたりの隠蔽工作。雑炊やスープをスプーンですくってお口に持っていくと、前歯でガードして、ちょろっと舐めて味を確認し、甘くないと天岩戸のように前歯をガッチリ閉じてしまうのだ。

「ご飯食べないと、あんぱん、ないよぉ」と言うと「あ〜、どぉしたらいいんでしょう。難しい問題ですぅ。あ〜ぁぁぁぁ〜、どぉしたらいいのぉ〜」とハムレットのように悶え悩むので、もうあんぱん容認にする。内科の先生も、健康のために食事制限する歳でもないので、好きなものを自由に食べてもらって、悪いところが出たら薬で抑えましょうとあんぱん容認になり、甘い生活がはじまった。それは、ご飯にしましょうかと言えば「イヤだっ。甘いものがいい」とキッパリ言いきるほどの、甘い生活であった。

それからは、毎日毎回同じヤマザキの薄皮つぶあんぱんを、それはそれは大感激で食べている。毎日同じものを食べていることを忘れているのなら、お口の【リピート・モード】なのだが、そうではない。毎回毎日、あんぱんへの賛美を述べるのだが、その内容が毎回違うのがすごいのだ。

「あ〜、今日はいいのが当たったわぁ」「こんな美味しいもん、あんたが作ったん？」「ジェフ〜、お前ももろときなさい。あんたもこれ、好きやもんなぁ」「さすが食い道楽の大阪ですねぇ」「えっ、あんぱんあるの？　やっと手に入ったんか」「1、2、3、4個……、さぁ、次は5を食べましょう」「これは美味い。こんな高価なもん、サンキュー」「こんな美味しいもん、生まれて初めて食べましたぁ」「さっ、今日はゆっくりこいつと過ごそか」「あんぱん、子どもたちにやってくださぁ〜い。え、誰も食べへんの。そしたら私、よばれよ」「可愛いなぁ。赤ちゃんが入ってるみたいやわぁ」「えっ、これ、私が食べていいんですかぁ。こんな嬉しぃことはありません」「今日は、感じのいい子が来ましたぁ」「こんないいもの、カタジケナイ」「二つのお手手に、ひとつずつ欲しいです」「ここはドロボーの家やから、ドロボーのものは食べません。えっ、あんぱんですか。ここのドロボーさんはお金持ちですから、食べてもOKって言ってます」「あんぱんちゃん、私のところにお嫁においでぇ」「さぁ、ゆっくりコイツを楽しもうかぁ」などなど。これはあんぱんを見るたびに初恋してるようなもので、エンドレスに新鮮な感動が得られるのは、認知症ならでは恩恵である。

ただ、甘いものを食べた後で寝るという悪習慣のせいで、虫歯で前歯を1本失ってからは、お口の中は虫歯だらけになってしまった。87歳まで全て自前の歯が揃っていただけに、とても惜しいのだが、ママ本人が歯を磨くことを徹底的に拒否したのだから、自業自得でもある。でも本人は、「あ〜、今日のご飯は美味しかったわぁ。出すの、もったいないから、今日はウンコちゃん、お休みぃ〜」ぐらい、充実しているようなので、よしとする。

今は、朝はバナナとプリンを潰したものをベースに、スキムミルク、シナモン、グラノーラ、にがり、ヨーグルト、アボカドなどで栄養を加える。夜は、玄米とヤマザキの薄皮つぶあんぱんを1個か2個つぶしたものをベースに、きな粉、くるみ、豆腐、煮豆、エラブ粉などを、日替わりで加える。どちらも、お口に入れた瞬間、甘い味が広がるので、ママの大好物に仕上がっている。健康や栄養を考えた機能性ゼリーを出す日も多く、ビタミンやカルシウムやアミノ酸や乳酸菌の入ったものを、適当にミックスしたりもする。今は老人食を作るのも便利で簡単だ。こうしてママは、朝夕は、甘い好物を食べ、デイサービスでも完食している。

ただひとつ残念なことは、ママをケーキ・バイキングに連れて行っていないことだ。どれほど狂喜するか、見てみたい気もするが、冥土の土産話なら、もう山ほどある。

ママの脳中にあるアメージングな妄想世界へようこそ

2016年春に【徘徊モード】が終わりを告げると、次に勢いを増していったのが【妄想劇場】である。この【妄想劇場】なら、私もママの土俵に乗ることができる。徘徊に付き合う時間、ママに負けないぐらい妄想したからだ。歩くという足のリズムと変わる景色、ボ〜ッとしているようで刺激が目や耳から入ってきて、思わぬことを思い出したり、ひらめいたりする散歩の素晴らしさと境地は、【徘徊モード】でたっぷり味わったからだ。

ハイキング、トレッキング、登山などが、歩く行為を目的にした小旅行だとしたら、散歩はちょっとした息抜き、気分転換だ。ただ、突然の散歩、思いもよらない長時間、考えられない時間帯では、息抜きの次元を超えているようで、一般的な散歩とは違う脳が覚醒し、

〝つれづれなるままに歩いていたら、あやしうこそものぐるほしけれ〟というか、ウォーキング・ハイという気分を体験した。今も歩くことは好きだが、それほど散歩に行こうとは思わなくなったのは、もう一生分、歩いてしまったせいかもしれない。

徘徊が激しかった時は、ママの背中を追いながら、この意味のない徘徊になんとか意味を持たせようしていた。散歩好きのグレタ・ガルボは、見ず知らずの人の後をついて歩くのが趣味だっだとか、幕末の志士たちは、京都、大阪、江戸、国元を行き来して、歩きながら日本のこれからを考えていたとか、ベートーベン、ダーウィン、チャイコフスキー、フロイト、西田幾多郎、アインシュタイン、スティーブ・ジョブズも散歩好きだったとか、偉人や偉業にあやかろうとした時期もあった。

最初は、不毛の時間を有効に使うために、音楽やスピードラーニングを聴くとか、スマホに買い替えようとも思ったが、散歩好きの偉人たちを見習い、ただただ歩きながら散策し思索することを選んだ。ママは徘徊しているが、私は散歩をしている。ママは混乱しているが、私は思考している。これをルールにした。

歩きながらとりとめもないことを考えたり夢想したりすることに慣れてくると、1時間や2時間ぐらいは軽く妄想世界に没頭できるようになっていた。ママの妄想を想像しながら、私の脳の創造が始まると、二人の脳がシンクロし、ママが探している懐かしい時代の懐かしい人たちが暮らす世界に行けるのではないかと思えてくる。

映画やドラマや小説ではよくあるではないか。もうひとつの世界の入り口とか、過去に戻れる通路とか、亡くなった人たちが集うパーティとか、ママがひょいと、あなたの知らない世界に入って行きそうで、目をこらし耳をすましてしまうのだ。健常者のフィクションの世界より、認知症患者のノンフィクションの世界は、ある意味、真実で本物なのだから、ママがそんな奇跡を引き当てる可能性はある。

『フィールド・オブ・ドリームズ』のように、「それを造れば、彼が来る」のメッセージが聞こえてこないか、『異人たちの夏』のように、ママの門司港の両親の家が現れないか、『地下鉄に乗って』のように親が若かった頃の過去に戻れないか、『時をかける少女』のようにタイムトラベルできないか、そんな妄想を抱くぐらい、私も妄想に慣れていった。

だから、ママがカップルに「すみませ〜ん。この街から出て行くのは、どの道を行ったらいいのでしょうか。出口を教えて欲しいのです」と、道を尋ねているのを聞いても、カップルにお礼を言って別れた後は、桑名正博の『月のあかり』を口ずさんでいた。♪この街から出てゆくだけだよ♪　本当に、この街から出ていける、本当の道があるかもしれない。さて、私はこれからどこに行こうかと、また違う妄想が広がるのだ。

もし、ママが徘徊していなければ、絶対に歩いていない知らない町、道、路地、もし、ママが徘徊していなければ絶対に起きてない時間帯は、私にとってもトワイライト・ゾーンだ。不可思議な超常現象や怪異が起こることを期待していた。

戦争、難民、災害などで、故郷を出て歩くことを余儀なくされた人たち、八十八箇所の四国巡礼、スペイン聖地巡礼など、祈りながら歩く人たち、ヨセミテ国立公園、熊野古道など、自然に圧倒されて歩く人たち、通勤通学で歩く人たち、健康のために歩く人たち、ちょっとそこまで歩く人たち……、歩くということを突き詰めて考えると、足腰が丈夫であれば、人生は勝ったようなもの、という極めて普通のことに気づく。

さて、ママの足腰が弱って【徘徊モード】のロードムービーが終了すると、【妄想劇場】の舞台は家の中に移るのだが、ここでは一挙にコメディ化していく。

結構長く続いたのが、看護婦さんごっこだ。ママは、結婚すると専業主婦になったから、看護婦をしていた時期はそれほど長くないのだが、看護婦だったことが誇りのようだ。ただ、ママの看護婦さんごっこを見ていると、バリバリの職業婦人として活躍していたとは思えない。

看護婦さんごっこの患者は、クッションさんだ。時々、ジェフ君が犠牲になっていたが、基本一人芝居である。まず、家中のクッションを集めて、「痛くないですよぉ。私は注射が上手ですからねぇ。先生より上手いって言われてますからねぇ。酒井さん、君がしなさいって、いつも注射は私なんですぅ」と、クッションにエア注射していく。

また、誰も座ってない椅子に向かって「加藤さ～ん、次ですからねぇ」、クッションに向かって「安田さ～ん、もうしばらくお待ちくださいねぇ」と声をかけて、「先生ぇ～、そろそろお願いしま～す。患者さんがお待ちですぅ。は～い、29番の方、こちらにお越しくださ～い」って、「次は、数字かいっ！」と、心の中で突っ込む。

「ことさらここで死ななくていいですよ。ここは病院ですから、死ぬなら家に帰ってください。ここには寝ている人がたくさんいますから、おやすみしてください。死ぬならどうぞ、お家に帰ってからにしてください」と、クッションを追い出そうとする、相当なワル看護婦でもある。

私が「すみませ〜ん。看護婦さんがうるさくて寝られないって、子どもたちが言ってますぅ」と注意すると、「うるさいっ、あんたみたいな新米看護婦に侮辱される謂れはありませんっ。あ〜、この病院はアカンっ。ヤブ医者やっ。いや、ニセ医者やっ！　あ〜、騙されて働かされてしもたっ。こんな病院、今日限りで辞めさせてもらいますっ。あ〜、こき使われてソンしたっ」と、あっさり退職する。

また、ママはものすごい負けず嫌いなのもわかった。うちは友達が来て夕飯を一緒に食べることも多いのだが、ママは、家中のクッションを自分のまわりにはべらせて、「あんたには、子分が多いから、私も手下を作ったんです」と言うのだ。『不思議の国のアリス』のトランプの兵隊もすごいが、クッションの手下もなかなかのものである。ラッキーなことに、私がクッション好きで、大小様々なクッションが家中にあるので、ママの手下の数もなかなかのものである。

そして幽霊さんもよく現れるようになった。私の後ろを見て、「あんた、女の人と男の人が来てはるわ。ちょっと聞いてみてあげてぇ」「どんな服、着てるの？」「男の人は、背広着て、女の人は着物やわ」「どれぐらいの年齢の人やのん？」「あんた、いちいち私に聞かへんでも、振り向いて、自分で見たらいいやないの。えっ、あんたには見えてへんの。そしたら、しょうがないなぁ。優しそうな顔、してはるから、悪い人ではないと思うわ」らしい。

また、「すみませ~ん。遠いところから、お人がいらっしゃいましたぁ。♪海は広いなぁ大きいなぁ♪で、よその国からいらしたそうですけど、帰れないそうです。もう、海はいいから、池でもいいそうです。池で溺れて死ぬか、誰かを殺すかしてくれるそうで~すぅ」と、寒い国から帰ったスパイみたいなことを言う。

空からそぉ~っと、降りて来たらしい団体さんは、「1、2、3、4、5人……、10人ですね。すみませ~ん。この家を上から見ていたら、みんな泊まりたくなったそうですぅ。このおばちゃんは優しいから、どうぞ、お入りやすぅ。よかったねぇ。みんなここに泊まれるそうですぅ。みんな、喉仏で食事しましょう。それから、少し小さな声で、おやすみなさぁい、しましょうね」と、寝かしつける。

ギャラリーの店番で、ママを部屋に一人にしても、誰かとずっと喋っている声が聞こえるし、お布団に入ってからも何時間でもお話ししているし、幽霊さんが話し相手になってくれるのは、とてもありがたい。ただ、エレベータの中で、「お嬢ちゃん、あんたの親はどうしたの？　わからへんの。あんた、この子の親が、おらへんねんて。探したって」と言われても、密室に幽霊さんと3人なのは、ちょっと怖い。

こうして、ママは、毎日違ったお話を泉が湧くが如く語るので、私の中でファンタジーやホラーやSFやメルヘンなどの物語は、作者の身近なところに認知症の人がいて、その妄想話を盗作しているのではないかの疑念が湧くほどである。

さて、『男はつらいよ』の寅さんは、初期の認知症の兆候があるように思うのだ。優しい家族に囲まれていながら、なんてことはないことでブチギレて、心ない罵倒で人を傷つけ容赦ない啖呵を切り、プイと出て行ってしまう。旅先では、人の親切に甘え、勘違いし、自分勝手な妄想をして失敗し、そして、何事もなかったように、とらやに戻って来ては、また同じことを繰り返し、おいちゃんに「バカだねえ…寅は」と言わしめる。寅さんがやらかす奇行は、映画だから面白おかしく見ていられるが、自分の家族にいたら大変である。とらやの人たちや町の人たちが親切で優しく寛容だから成立している物語だ。

寅さんの血縁者は、おいちゃん、さくら、満男だけで、身内やご近所さんに守られている。この身内という距離感が、喧嘩して出て行っても、何事もないように戻ってくる寅さんを許せるのだと思う。もし、寅さんの親父さんが生きていたら、二度と敷居をまたがせてもらえなかったはずで、親子関係のややこしさがないから、『男はつらいよ』はカラッとしている。身内やご近所さんたちが、親切で優しくて寛容な素晴らしき一般市民であり、一生懸命働いている超一流の普通の一般生活者であるから、寅さんは気楽にフーテンでいられるのだ。

寅さんや落語の主人公たちは、「バカだねえ」と言いたくなるような愛すべき愚か者なのだが、そんな人の一人や二人ぐらい、自由に生きさせてやるぐらいの度量が、身内やご近所や地域にあれば、こんな幸せなことはない。それは、助けるとか見守るとか面倒を見るとかではなく、普通に見てくれる普通の目線だ。『ぼくの伯父さん』や『ミスター・ビーン』、寅さんや落語の主人公たち、そしてママのような人たちが、「バカだねえ」「どうしようもないや」「ほんと懲りない野郎だ」「何やってやがるんだか」とか言われながら、ご近所や地域に生かされている。ママは、そうして生かして頂いた。特別扱いは、いらないのである。

ママの今日の妄想劇場は、映画の呼び込みである。「どうぞ映画をご覧くださ〜い。今週の天気みたいに明るい映画です。お笑いあり、母ありの楽しい映画です。どうぞ、見てくださ〜い。お手手を洗って、きれいなものだけを見ましょうね。今日は、命を取られる日ではないですよ〜」と、口上を述べている。どんな映画なのか見てみたいものである。

【女優モード】

人間の皮を被ったモンスターからあどけない童女まで、ママの人格七変化はまさに女優である。ジェフ君やクッションやぬいぐるみを、自分の子分にするのも女優気質だ。

終章

認知症から学んだ、
自分が認知症にならないための

「これからの時代」

認知症介護はムリしてやるもんじゃない 冷静に理性的に最良の選択を…

2006年7月の認知症告示から12年をかけて、暴言・暴力、徘徊、多弁・多動、焦燥・興奮・幻覚・妄想と、認知症フルコースをたっぷり味わったママだが、2016年の徘徊卒業と同時に高らかに宣言した「私は、わすれびとさ〜んなんですぅ」からは、甘い甘いデザート・タイムに入った。というか、実生活が、毎日がスイーツ・バイキングのようなものである。

ママの場合は、身体が元気で持病もなかったので、徘徊との付き合いが介護のメインとなった。しかし、足腰が弱っている人や寝たきりの人、引きこもり傾向の認知症の人は、徘徊はしない代わりにデイサービスに行くのを嫌がるかもしれないし、持病がある人は、投薬や通院の補助、リハビリや食事療法など広範囲な介助が必要になり、色々な労力が加わる。

こうして100人いたら100通りの身体があり、老い方があり、介護の仕方があり、老後の暮らしがある。大変さの質も内容も違うので、お世話する家族の労力や心構えも変わってくる。老いによって自力の生活が難しくなるか、認知症のせいで日常生活が困難になるか、どちらが先かによっても本人の老後の運命や、家族の対応も変わってくるだろう。そう、あなたの老後は、大なり小なり家族を巻き込んで、それまでの生活を変えていくのだ。

そのためにも、親、子ども、孫の世代も含めて、老後の生活の話はいつも食卓の話題になるぐらい、頻繁に話しておくことをおすすめする。みんなの頭と身体が健康で元気な時は、未来を語る明るく楽しい話題になるからだ。子どもたちが多分看てくれるだろうとか、親たちは多分大丈夫だろうとかの曖昧さは禁物である。この時に、親世代はちゃんと希望を言い、子ども世代はできないことはできないときっぱり言うことが重要だ。子どもが親の面倒を看るのが当たり前という古い道徳感から解放され、新しい老後時代の自分らしいプランを考えられる第一歩になるはずだ。ただし、《その人が親を看た以上には、子どもは親を看ることはない》そうなので、親、自分、孫へと続く老後を見据えたプランが必要でもある。

今や世界中の人たちが絶対になりたくない病気、それが認知症だろう。忌み嫌われる理由は、自分が自分でなくなっていく怖れと、家族に迷惑をかけることへの怖れ、このWの悲劇だ。本人だけでなく家族を巻き込んでいく恐怖の連鎖で、普通の日常にスリルとサスペンスが加わる。

ママのように、「わすれびとさ〜ん」になってしまえば本人の恐怖は消えるし、子どものような普通のばあちゃんになったので、今は怖いものではなくなった。しかし、これは今だから言えることで、認知症の毒気が消えて安全人物になるのに10年もかかっている。

《認知症になってからの寿命の平均は約8年間》だそうだ。他の病気なら、患者をいたわり、家族に感謝する看病になるのだが、認知症の場合、同居する家族にとっては、災難であり、不運であり、戦いにもなる。だから、「認知症になっても、自分の住む家で、家族と一緒に暮らしたい」というのは、ものすごく贅沢な要求で、わがままな願いなのかもしれない。莫大な財産があったら考えてもいいが、お金があるなら完全介護のセレブな施設に入居する方が本人も幸せだろう。

ここだけの話、認知症の介護は、施設の専門スタッフさんが、素晴らしいプロの仕事をしてくれる。適切に接し、うまく対応する介護スキルがあるからだ。一方、家族の場合は、身内だけに扱いがぞんざいになることが多い。

私は、なんの因果か酔狂か、12年も認知症と付き合うことになってしまったが、それは18

歳で家出してから、ママのことはほとんど頭になかったという負い目のせいだと思う。そんな負い目を払拭するために、あーだこーだとルールや掟を決めて、自分のできることのギリでなんとか折り合いをつけようと苦慮していたわけで、親孝行のためではない。

逆に言えば、仲よし親子の方が、親を施設に入れる選択を抵抗なくできるかもしれない。変な負い目がない分、冷静に最良の選択ができるからだ。

認知症介護に限らず親の老後問題は、それまでの親子の関係や、わだかまりや、心情や感情や不満やトラウマなど根深いものがあり、生々しいものが入ってくるからややこしい。


ママなんて、最初の頃に私にこんなことを言ったのだ。「私、認知症になってよかったわぁ。あんた、私が認知症になったから、引き取ってくれたんやろぉ。もう一人で暮らすの、怖かってん」。認知症になってよかったって、どの口が言うとも思ったが、30年間も疎遠な母娘が歩み寄るためには、認知症ぐらいインパクトのある事件がなければ、疎遠な母娘は疎遠のままだったのかもしれない。そしてママの本音は、「あこちゃん、本当はずっと一人で寂しかったけど、あんたと暮らすことは諦めていたんよ。でも、認知症になって、あんたがその気になってくれて、本当に嬉しい」だろう。

私は独身自由業のおひとりさまという気楽な立場だったし、私が奈良の実家に帰るのは絶対に嫌だったし、認知症にちょっと好奇心も湧いたし、ママが飼っている猫のジェフ君が心配だったので、うっかり認知症介護なんてものに手を出してしまったが、今考えると悪いことばかりでもない。

何より、認知症という病気に詳しくなったので、自分が認知症にならない自然な暮らしをしている。もし発症したら、すぐに冷静に理性的に最良の選択で対応する準備はできている。おひとりさまの身としては、重要な危機管理の心得である。ここは、ママに感謝することにする。

迷惑をかけない生き方は、しんどいかも「ありがとう」が言えれば、それでOKなのだ

さて、私が12年間ママと関わったことで学んだことは、「人様に迷惑をかけないようにしなければ」という気負いが、介護の幅を狭めるだけでなく、人生そのものを生きにくくして

いるということだ。

物心ついた頃より、親や先生から言われ続けた、迷惑をかけちゃダメダメ論は、日本人の脳や心に深く刷り込まれ、「何をしても自由だが、人様にだけはご迷惑をかけないように」とか「人に迷惑さえかけなければ、好きなように生きればいい」という行動規範にもなれば、「迷惑をおかけしますので、辞退いたします」や「迷惑をかけたくないので、ご遠慮いたします」という、謙虚と遠慮のマナーとしても利用されてきた。


迷惑とは、他の人が不利益を受けたり、不快を感じたりすることらしい。

ママは、徘徊中にそれはそれは多くの人に声をかけて、自分の言い分を聞いてもらおうとするので、お仕事中やデート中、電話中やスマホ操作中のお忙しい人たちの足や手を止め、貴重なお時間を奪い、ご迷惑をおかけしてきた。

だからママが誰かに声をかける度に、私は恐縮した。「あ〜、よりによって、なんで電話してる人に、声をかけるかなぁ。ほらほら、びっくりしてはるやん。あ〜ぁ、電話、切りはったやん。迷惑をおかけしまして、本当にすみません」と思い、また次の人には、「わぁ、急いで歩いてる人を、なんで追いかけるのよぉ。周りにヒマそうな人がたくさんいるやん。

すみませ〜んって、わざわざ呼び止めなくても、追いかけてまで、聞くこととちゃうやろぉ。どうせ、交番、どこですかって聞くんやからぁ、ほんまにぃ。あ〜ぁ、捕まってしまいはったわ。本当に迷惑をおかけします」と頭を下げる。

こうして私は、ママの迷惑行為をさんざん見せられるのだが、それと同時に、親切に対応して助けてくれる人たちをたくさん見ることになる。ママの迷惑行為に、皆さんは親切で返してくれたのだ。

よく考えると、私もよく人に道を聞かれるし、電車の切符の買い方を教えたり、重い荷物のおばあちゃんの荷物を階段の上まで持ったり、駅でフラフラと倒れそうになったおじいちゃんを中国人観光客と一緒に支えて、駅員さんを呼びに行ったりと、色々な親切をしている。ちょっと手をお貸ししたり親切にしたりした経験は、誰もがたくさんあるはずだ。

この時に、迷惑をかけられたとは全然思わず、むしろちょっとした親切で相手が喜んでくれたことに、こっちも嬉しくなったりする。「ちょっといいことしたな」と、いい気分になるのだ。ママを助けてくれた方々も、迷惑だなんて思っていない、ちょっと親切をしただけ、と思ってくれているはずだ。

あまりにもママが人に道を聞くので、前ケアマネージャーさんに相談したことがあった。「ママは、デートの邪魔も平気でするんです。相手の状況を無視するので、申し訳なくてぇ」と私が言うと、「おばあちゃんに道を聞かれて、嫌な顔する彼や彼女やったら、別れた方がいいんですよ。お互いの優しさが見えて、それはそれで、よかったんじゃないですか」。さらに、ママが色んな人に道を聞くことは、色んな人が認知症の人に出会っていることで、認知症について考えるきっかけになっているそうだ。「だから、お母さんは、認知症の広告塔だと思えばいいんですよ」と。なるほど。

もし私が、初デートでママのような認知症の人に道を聞かれたら、いや、誰だって道を聞かれたら普通に答える。ママが人に道を聞くことを迷惑行為と言う、私の方がおかしかったのだ。

さて、ママと別れた後のカップルは、「あのおばあちゃん、認知症やったんやね。娘さんに聞くまで、わからへんかったわ。そういえば、うちのおばあちゃんもそうやったわ」と、その後のデートは、認知症や両親や老いについて語り合い、一挙に結婚話へと進んだかもしれない。

また、ある時、ママと別れたおっちゃんは、「今日、おばあちゃんに門司の行き方を聞かれたわ。門司やで、門司まで歩くんやて。ちょっとこりゃおかしいなと思って、交番に連れて行こうかなと思ってたら、娘さんが出てきて、徘徊中なんやて。やっぱりそうやったわ、ほれ、認知症やって。まぁ、娘さんがついてたんでよかったけど、ありゃやっぱり大変な病気やなぁ」、というような話を、職場や家族に話しているかもしれない。私もママみたいな人と出会ったら、飲み屋で喋ってる。というか、今はママのボケ話を飲み屋でのネタにしている。

こうして、ちょっとした親切や手を貸すことぐらいは、大したことないと思っている人がほとんどで、迷惑はかけない、迷惑をかけたくないと頑張っている人は、ムダな努力をしていると言える。

困った時は、臆せずに人に声をかけて助けてもらえば、「ありがとうございます」「どういたしまして」とお互いが優しい気持ちになる。こうして困った時に、人に声をかける人が増えると、それに応じてくれる親切な人たちも増えていく。そんな素敵な一期一会が溢れていくと、それを見た人たちも、気持ちが明るくなったりするのだ。《自分が人に親切にしたように、人も自分に親切にしてくれる》なら、迷惑をかけない、かけたくない気負いは必要ない。

私は、おひとりさまなので、「人様に迷惑なんかかけるもんか、ずっと一人で生きてやる」という自負があったが、今は「困った時は、すぐに、誰かに助けてもらおう」を肝に銘じて、危機管理心得としている。

ひと昔前の親たちが、堂々と老いることができたのは、自分が親の世話をしたように、次は子どもが自分の世話をしてくれるという、親、子、孫に続く美しき連鎖があったからだろう。今は、保険や貯蓄を準備して、なんとか子どもの迷惑にならないよう苦慮している親世代が多い。

現代社会では、人を見たら泥棒と思えと言わんばかりの悲惨な事件が多いが、実は優しさや思いやりや親切に溢れた普通の平和な世界もちゃんと健在している。ただ、みんなが迷惑をかけないよう、知らない人と交わらないよう、騙されないよう、関わらないようガードしているから、隠れて見えないだけだったのだ。

認知症だけでなく、身体の不自由な人や小さな子どもや高齢者の方などに、手を貸すことぐらい、実はとても簡単なことで、ただその機会がないだけだったのだ。

私の50代は、ママの徘徊に付き合うことで、一期一会の善意の方々のご親切に出会い、心から「ありがとうございました」と感謝する日々だった。

私の老後は、認知症になるかどうかはわからない。しかし認知症になっても、ならなくても、人の親切に対して、「ありがとうございます」と素直に言えるおばあちゃんになろうと思う。この「ありがとうございます」が素直に言えたら、世間の皆さまは優しくしてくれる。

自分へのご褒美は、ケチらない 必要悪は、絶対に必要なのだ

さて、ママは身体が健康体だったおかげで、認知症という単体の病状を12年にわたり観察することができた。

脳の萎縮が進行することで現れる認知症の周辺症状とママの混乱の流れは、初期、まだら

期、混乱期、反抗期、異常行動期、ピーク、沈静期、受け入れ期、学習期、幼児期、わすれびとさ〜ん期、お子ちゃま期となるだろう。年表のように順番に症状が現れては消えていくので、それはまさに認知症のフルコースで、最初のひと口で、吐きそうになったが、後は、怖いもの見たさで食べ続けたようなものである。

徘徊に付き合いだすと、友達からバカ扱いされた。確かにこれは、ママのために付き合ったというよりは、私の意地とプライド、根性試しだったからだ。ママが音を上げるか、私がタクシーに手を上げるか、女同士の意地と意地の戦いである。こうしたタクシー代を賭けたゲーム設定にしておくと、勝った時のビールがうまい。ママは自分が惨めな負け犬とも知らずに、家に帰ればあっさり寝てくれる。ママの記憶は自動リセットされ、私は不毛な徘徊ゲームに「今日も勝った」と一人ほくそ笑むのだ。

さて、認知症という病についての本はたくさんある。しかし、自宅で介護する家族のための実践的な情報は少ない。家庭内介護の場合は、家族は自分で頭を打って、失敗しては落ち込み、つい怒鳴り返して自責の念にかられ、手抜きのいいアイデアを思いつき、うまくいくと後ろめたさを抱え、うまくいった時も褒められることもなく、ものすごい労力をかけても感謝されることはない。ただただ、何事も起こらない日々のために、ものすごい努力と苦労をして、1日1日をしのいでいくしかない。

そんな中で、最も役立った情報は、カリスマ・ドッグトレーナーのシーザー・ミランのバカ犬のしつけ方だった。たまたまテレビで『ザ・カリスマ ドッグトレーナー～犬の気持ち、わかります～』を観て、メモまで取って参考にした。犬が興奮した時の落ち着かせ方を、ママにもやってみたら成功したからだ。ただ、問題行動の多い犬の場合、その飼い主に問題があるそうだ。飼い主のイライラした不安定な気持ちを察して、ワンコも同じ気持ちになり、よくない態度に出るそうだ。ママも、その通りだった。その点、猫はいい。ただただ、甘やかしているだけで、一流のパートナーになってくれる。

認知症の人は、自分の世話をしてくれる人の心や精神を傷つけ、世話をさせながら弱らせ、落ち込ませ、消耗させる。

だから重要なのは、自分自身をケアする方法、息抜きや逃げ道、軽い気分転換や大技のリセット方法などを、できるだけ多く用意しておくことだ。一番よくないのは、自分を犠牲にして、ただただ真面目に認知症に向き合うことだ。

私はママが認知症モンスターの時は、放置し、無視し、あっち向いてホイして、心ここにあらずでいる境地になるために、宗教、瞑想、脳科学、精神学、悟りの本などを参考にした。一番いいのは、瞑想であった。

これからはじまる荒野の決闘へのテンションを上げた。【極妻モード】や【ブチギレ・モード】の時は、強い酒をストレートでクイッと飲んで、

そして、徘徊が3時間を超えた時は、どんなにママが帰りたがっても、居酒屋かバーに寄って、自分自身への慰労をすることにしていた。最初は嫌がるママだが、楽しげな店の雰囲気ですぐに調子に乗り「なぁ、あこちゃん、こんな場末の店も美味しいね。本当は、こんな場末の店の方が美味しいんよ。父さんは、いいカッコしぃやから、こんな場末の店には来なかったけど、私は場末の店の方が好きやわぁ」ってママよ、場末、場末って言うのはやめなさい。

こうして、環境が変われば、ママはウソみたいに気分がコロリと変わる。さっきまでの認知症モンスターが、店で都々逸を唄ったりするのだ。この一瞬のリセット感、劇的な変化に慣れてくると、一晩で何本もの映画や芝居を観たような濃厚な喜怒哀楽を味わえる。家でテレビを観ているよりは、ずっとリアルなライブ感あふれる人間ドラマを生で観ているわけで

ある。

こうして不毛な時間に、無理やりアミューズメントやエンタテインメントの付加価値を加えることで、「今日もまぁ、面白かったということにしとこか」と思えるのだ。こんなポジティブ・シンキングの脳にしておけば、これからのおひとりさま人生で否が応にもやってくる老いと孤独を乗り越えられるはずだと、これもひとつの危機管理の心得である。


こうして、ママと長く接していると、ドヨ〜ンと割り切れない気分が続くことも多く、それをリセットする方法で行き着いたのは、お酒だった。

昼からでも軽く天満で一杯、ママがデイサービスから帰って来る1時間前に軽くスペインバルで一杯、徘徊帰りの喉の渇きを潤すためにママ同伴で軽く一杯、ママが爆睡している夜はご近所さんのお店で軽く一杯。こうして、純粋にリラックスするために、お酒とうまく付き合い、嗜む人になった。そう、もうバカ飲みはしないのだ。

店のマスターやママやいつもの常連さんとちょっと話ができて、末長くご贔屓にできる、息抜きの場としての店が数軒あれば、私の老後も安泰だろう。この、行きつけのお店を持つことは、おひとりさまの重要な危機管理の心得でもある。

そして、晴れて介護が終わった暁には、お世話になった方々を招いて盛大なパーティを開き、自分へのご褒美と皆さまへの感謝をしたい。

優等生情報に振り回されず手抜きやズルを推奨して、自分らしく

さて、認知症初期の頃は、本人も家族も戸惑い、混乱し、怒り、悩み、お互いが地獄を見ることになる。これは家族を介護する場合は、最初に必ずたどる道だそうだ。認知症の専門スタッフや介護のプロであっても、自分の家族の介護では、地獄を見るらしい。第一関門というか、地獄の入り口というか、ここはちょっと覚悟しておいた方がいい。私もこの先制パンチのダメージは尾を引いた。

そこから、少しずつ対応に慣れて、優しさや思いやりのサービスはやめたり、理想の介護手順を省略したり、諦めたり割り切ったり、手抜きやズルを取り入れたり、横着や楽する方

法を工夫していくのだが、こうしてうまく介護のコツを覚えるほどに、ジレンマにぶつかる。手を抜いている疚しさ、やるべきことをやっていない罪悪感、イライラをお酒でリセットする後ろめたさ、いい加減に対応した後の良心の苛責などが、自分の心の奥に澱として少しずつたまっていく。

認知症の人には、優しく、思いやりをもって、愛情豊かに接するという王道の介護方法がテレビや雑誌に取り上げられ、また、介護経験者は「病気なんだから、怒ったらあかんよ。優しくしてあげてね」と王道のアドバイスをして励ましてくれる。また、見つめ、語りかけ、触れて、尊い存在であることを伝える『ユマニチュード・メソッド』という介護技法は、介護の現場で働くプロの人たちのテクニックとして、大きな効果を上げているそうだ。しかし、このような素晴らしい情報を教えてもらっても、日々の生活に追われる家庭内介護においては、ちょっとやってられない。むしろ私が、失いかけた尊厳を取り戻すためのメソッドをやって頂きたいほどだ。

少し上の世代で認知症介護を終えた人たちは、ほとんどの人が同じようなアドバイスをしてくれる。「今となっては、あの時こうしておけばよかった、もっと優しくしてあげればよかったと後悔することばかりだから、お元気なうちに精一杯のことをしてあげてね」である。その時は、「はい、ありがとうございます」と答えるが、大変申し訳ないが、精一杯なことなんて絶対に「いたしません」と心の中で思う。

認知症介護のアドバイスでは、「大切に大事に優しくしてあげてね」というのも多い。これは、逆に言えば、「大切に大事に優しくなんか、なかなかできない」という裏返しだろうと思う。だからこそ、自分のルール、私の掟が重要なのだ。それ以外のチマチマした優しさとか思いやりとか愛情などは、ただの気休めで大したことではない。

認知症介護に完璧はありえない。精一杯なことをしても、それは、豚に真珠、猫に小判、犬に論語、牛に経文なので、認知症介護において、一生懸命とか誠心誠意に意味はない。「手抜き上手で、ズルがうまい横着者」というのが、知恵と工夫とアイデアでしのいでいくクリエイティブ介護の最高の褒め言葉である。

私がママにちょっと優しくなったのは、ママがモンスターでなくなり、普通のおばあちゃんになってきた、ここ3年ほどだ。そして、ザ・認知症最前線で介護をしていた頃のあこちゃんには、こうアドバイスするだろう。

「手を抜いても全然大丈夫、本人はわかってないんやから、適当にしといたらいいんよ。毎日同じもの食べてても、本人が喜んでいるんやから、そんな料理の工夫なんてせんでも、毎日あんぱん出しといたらそれで充分。そら、あれほど怒鳴られたら、こっちも腹立つよ。ちょっとは言い返したったらいいんや。何を言うても、どうせすぐ忘れるんやから、アホ、ボケ、カスぐらい、OK、OK。アホ、ボケ、カス、ほらほら、本人、わかってないし、喜んで、マネしてるやん。真面目に相手してたらソンするよ。時間のムダムダ。適当に流しといたらいいわ。着替えなんか3日ぐらいなんよ、1週間でも1ヶ月でも、着たきり雀で、人は死にません。本人が嫌がってるんやから、着替えなんかさせんでいいし、ファブリーズ、まいといたらいいわ。こっちはよかれと思ってやっても、あっちは嫌がるんやから、嫌がることは、やめといたりぃ。あれあれ、また出て行く気らしいね。荷物、まとめてるし、クッション、バッグに入れてはるけど、あんな小さなバッグに、クッションは入るわけないけど、本人が持っていきたいんやわ。好きなようにさせときましょ。まっ、ビールでも飲んで、高みの見物、しましょか。多分、あと40分ぐらいは、バッグと遊んではるから、ほっときましょ。大丈夫、大丈夫、もう1缶、いっときましょ。ママの天然ボケの一人コント、なかなか笑えるやないの。おもろいやないの。ストレス発散になるわぁ」。

そして私は、「クッションに悪さ、せんといて」「バッグ、壊れても知らんよぉ」「クッションン、持っていかんといてな」と心でツッコむが、注意はしない。

ママと同居する前の私は、「どこの馬の骨ともわからんヒッピーみたいなおばはんが、怪しいギャラリーをやっている」と、胡散臭い目で見られていたが、ママとの同居がはじまると「親孝行な娘さんやないか」と評価が上がった。私より上の世代のおじ様、おば様方は、親孝行についての評価ポイントが高い。毎日朝夕、ママをデイサービスの送迎車に乗せているだけで、「偉いねぇ」とか「親孝行やねぇ」と褒められる。

同じ様に、小学生を送り出し、もう一人を自転車に乗せて幼稚園に送り迎えしてるママに対しては「偉いねぇ」とか「子育て大変やね」とか、褒めることは少ない。

世間では、子育ては当たり前と思われているようだが、おひとりさまの私にしてみれば、家庭の主婦で子育てして、さらに働いたりしているママたちは、ものすごい個人事業をやっているなと思う。老人介護は先がない分、気楽なもんだが、子育ては子どもの将来がかかっているから、責任の重さが違う。世間はもっと子育て中のママを、見守るべきだと思う。

ママよ、私が強い娘でよかったね おかげで、メンタルも鍛えられたよ

認知症に限らず、様々な病気の原因にストレスがあるそうだ。ストレスとは外部からの刺激を受けた時に生じる精神的な緊張状態で、外部からの刺激には、環境的要因、身体的要因、心理的要因、社会的要因があり、日常の中で起こる様々な変化や刺激そのものが、ストレスの原因になるらしい。そして、ストレスが原因で、様々な病気が誘発されていく。

私はおひとりさまの自由業なので、外圧がほとんどない自分の自由な裁量で仕事や生活をこなすことができた。どちらかというと、ストレスの少ない能天気な暮らしぶりであったが、唯一の不安材料は、収入が不安定なことぐらいだ。ただ、18歳で家を出てから40年、ピ

ンチャチャンスを乗り越えた紆余曲折の人生でどうにか食べてこられたので、この先も女一人ぐらいどうにでもなると思えるのも、おひとりさまの気楽さだろう。

ここに家族がいて、夫や子どもたち、お互いの両親の老後などを考え出したら、もう大変だ。心配する人数が増えれば増えるほど、ストレスの要因も増えていく。たとえ家族であっても、誰かと暮らすことは、ストレスに違いない。

今考えると、ママが認知症患者として、私の家にやってきたことは、ラッキーであった。私が知っている昔の鬼母ではなく、おとぼけ者のボケばあちゃんになっていたからだ。そして、私が誰なのかもあまりわかっていないのも好都合であった。

認知症のおかげで、疎遠だった母娘の葛藤や確執などの心理的要因、水と油ほど気の合わない母娘の性格的な衝突など社会的要因、ライフスタイルが全く違う母娘の環境的要因など、ややこしい母娘の諸々が全てカットできたのだ。健常者同士だったら、こんな簡単に反目が消えることはなかっただろう。

ただ、認知症という想像もしなかった新キャラでやってきたママは、おばあちゃんの形をしたストレスの塊そのものでもあったので、また、質の違うスケールのでかいストレスと戦うことになる。しかし、健常者の母親とのストレスと、認知症のママとのストレスのどちらかを選ぶとしたら、私は今も認知症ママを選ぶだろう。

それまでの私は、比較的ストレスのない生活をしていたので、ママの異常行動の刺激で全身に鳥肌が立ったり、心臓がキュと痺れたり、腹の底がムカッと縮んだり、吐きそうになったり、寝ていると胸が急に苦しくなったり、身体の微妙な変化を顕著に感じるようになった。これが、世に言うストレスか……。こうして、ママ・ストレスは、わかりやすい身体や精神の変調として現れた。

しかしこれは、チャンスかもしれない。災害、異常気象、伝染病、戦争、食糧危機など、何があるかわからない未来を生き抜くためには、メンタルが強い人になっておくのは有利である。ママがやらかす異常言動は、私にとってストレスでしかない。しかし、極めて一般的な常識や価値観や道徳で私に説教する健常者のママもまた、大いなるストレスであった。簡単に言えば、長年おひとりさまの気楽な一人暮らしをしていれば、誰と同居してもそれはストレスの対象になるということだ。ただし、猫は別格であるけど。

認知症と暮らすことでストレスと向き合い、回避法、撃退法、消滅法など、気分の切り替え方を実践的に学ぶことができれば、一石二鳥である。要は、外圧に負けない強いメンタルになるために、ママの迷惑行為、異常言動を利用するということだ。

こうして、私の能天気でだらしない暮らしに「喝！」を入れるために、ママが鬼コーチとしてやってきたと思うことにした。ママぐらいの鬼コーチなら、中学、高校の部活動の現場にごまんといる。

まずは、徘徊。毎日欠かさず食後の2時間のウォーキングは、身体にいいのはわかっているが、なかなか続かない。しかし、鬼コーチのママは、1時間や2時間のウォーキングでは許してくれず、時には4時間、5時間、徹夜まで盛り込んだスペシャルメニューを用意してくれたのだ。おかげで、自分の限界を超えた時間や距離でのトレーニングが強制的に行われた。

また、ママの気分が急変し、突然に起こる迷惑モード。ママの異常行動のせいで、私の酒とテレビと音楽と本とのリラックス・タイムが、メチャクチャに壊されるのだが、それにムカっとせず、停電になったと思うようにした。

災害が起こったことを想定して、冬の徘徊ならコートを持参し、夏の徘徊ならペットボトルを携帯し、早朝の徘徊ならデイサービスのお出かけセットを素早く準備して、どこでもお迎えの車にピックアップしてもらえるようにする。こうして、ママのやることは、どんどん想定内になったので、これは、今後の天変地異が起こった時でも、慌てず冷静に平常心で対処できるだろう。

さらに、私が最も苦手とするのが、寝ている時に起こされる昼夜逆転だ。ロス市警やCSIシリーズの海外ドラマを見ていると、食事中でも睡眠中でも事件の一報が入れば、「了解、すぐに向う」「はい、10分で着きます」と、一瞬でお仕事モードに気分を切り替える捜査のプロたち。私も、ママが深夜に起きだすと「ターゲットの状況を確認しろ」、「ターゲットが外に出た。至急、尾行を開始しろ」と、頭の中で指令を出し「了解、尾行を開始します」と、捜査官、またはスパイの妄想ごっこに突入し、気分の切り替えをした。

さて、こうして12年間もハードでストレスフルな暮らしを続けていたわけだが、ママの登場は、能天気でだらしない私の暮らしに見事な「喝！」を入れてくれたとも言える。そして気がついたのは、私は元々、メンタルの強い楽観主義者だということだ。ただ、残念なことに、私は筋金入りの怠け者でもあるので、今はもう、ウォーキングもしないし、働き者でもないし、家でダラダラと過ごすのが好きだ。

やはり、認知症ぐらいインパクトのある変化や刺激が襲ってこないと、人はそうそう変われない。要は、外圧は必要なのだ。

めちゃめちゃ本を読んだ10代、遊びまくった20代、仕事しまくった30代、好きなことした40代、世のため人のための50代。そして、2019年からの60代は、どんな人生にしようか。ママありきか、またはババ抜きになるか……。なんらかの外圧がないと、思いつかない。

私が完璧なおひとりさまなのはママを看るためだったのかもしれない

私が生まれてからママと暮らした前半戦が18年、認知症のママと同居した後半戦が12年で合計約30年。そして、ママなしの自由な暮らしの中盤戦が約30年。一人暮らしが長いと思い込んでいたが、ママと暮らしている年月は、私の人生の約半分で結構長くなっていた。

今考えると、ママのことをこれっぽっちも考えていなかった中盤戦の30年の経験が、認知症のママを看るための布石だったのではと思えてくるのだ。それは、30年間疎遠だった母娘が、認知症という病を通じて、衝突しながらも歩み寄って行く壮大な大河ドラマでもあるし、怖い母親が気のいい娘を罠にはめ、自分の老後の世話にこき使ったとさ、と言うおとぎ話ともとれる。

ただ、私の人生は、自分ではそれと気づかず、知らず知らずのうちに、ママと暮らすための準備をしていたようで、運命なのか宿命なのか因果なのか、何か目に見えない力に動かされいたようでもあるのだ。

ママの夫の正夫さんは、子どもの子どもっぽい言動に眉をしかめる人で、おもちゃ、漫画、バカな遊び、TVアニメなどを「子どもっぽい」という理由で取り上げ、親が教育上よいと判断した大人目線の子どものモノを与えられていた。幼くて稚拙なのが子どもなのに、あまり子ども扱いをされなかったのだ。

物心ついた頃からは、「配慮が足らん、考えが足らん、丁寧さが足らん」と怒られていたが、「だって、子どもなんだもん」と、子どもながら思ったものだ。子どもより偉い大人であるはずの親が、子どもにこんな無理を強いて傷つけるなら、将来大人になった時、私は子どもを育てる自信がないと、小学生で育児放棄を決断した。

同様に、「おい、茶、風呂、メシ、酒、着替え、寝る」しか言わない、典型的な亭主関白の夫に、「はい」と従うだけのママに、結婚生活が主人と奴隷の関係性の契約にしか見えず、屈辱的な結婚生活より、自由で孤独な一人暮らしを選ぼうと、中学生で独身主義を決断した。私がこのような筋金入りの独身自由主義者になったのは、両親を反面教師としたからである。

小学校、中学校、高校と進む中で、一生独身で子どもを作らず、自分の力で自立するために、本を読み、プランを練り、目標を立て、将来に向けての基本方針を着々と進めていた。

18歳で帰る家がなくなったので、早く自分の家が持ちたかった。2001年の41歳で中古マンションを買い、自分の目標を実現したのだが、それはまるでママのために準備したような家だったのだ。

ひとつの空間に自宅とギャラリーと事務所があるので、仕事をしながら見守りができ、バリアフリーのオールワンルームは、「さぁ、介護しましょう」と言わんばかりの理想的な空間である。私は自由業なので、仕事や時間の融通が効き、ギャラリーに来られるお客さんに普通にママを紹介できたし、ママを普通に連れて行けるご近所さんのお店も多く、ママを受け入れる環境はできていた。元山岳部なので、徘徊に付き合える丈夫な足腰があり、人の目を気にしない性格なので、ママは伸び伸びと街を歩けた。

また私は、認知症であってもママの自由を尊重する個人主義者で、認知症の人が普通に暮らせる社会について考える理想主義者で、親のネグリジェ姿や徘徊を世間にさらすことをさほど恥ずかしいとは思わない楽観主義者だったので、ママは随分と優遇された。この私の主義主張は、小学校、中学校、高校時代に親への反発からの読書を通じて得たもので、ママは知らず知らずのうちに、自身の老後にとって極めて都合のいい子どもを育てていたことになる。

そして、ママが一番ラッキーだったことは、私がおひとりさまだったことだ。長男の家庭で孫と一緒に暮らすより、実の娘と二人で暮らすのが、認知症に関わらず老いた母親たちの理想の老後のようなのだ。

たとえ昔は鬼親であっても、認知症になってしまったママを、もう煮たり焼いたりはしない。私もこの歳になれば、子どもの幸せを願わない親などなく、ただうちの両親はやり方を間違えただけだと理解できる。

それでもなお、私がママを怖れたのは、トラウマ、である。

私は幼少時代、小学校時代、思春期からのトラウマを多く持っていた。それは、亡くなったペットたち、枯れてしまったアサガオ、いい人が死んでしまう映画、ひどい仕打ちをされる人の本やドラマ、燃やされたコケシ、旅先で捨てられたパンツなど、たわいのないものが原因だ。

しかし、自分の偏った傾向や習性、固執や性癖が、たわいのない原因からのトラウマにあることが、ママとの同居をきっかけに、50歳を過ぎた今になって蘇ってきたのである。

フェリーニの映画『道』のように、ジェルソミーナのあの曲を聴いて、自分が過去に犯した非道に、絶望的な孤独と罪悪感としょく罪に打ちのめされるアンソニー・クインには、絶対になりたくないのだ。この映画は子どもの頃に親に観せられて、相当なトラウマになった。子どもには重すぎる内容に、「この映画は、子どもに観せるものではない」と親を恨んだものだが、ママなんか、しばらくジェルソミーナのテーマを明るく口ずさんで洗濯をしていた無神経さである。そう、私は、後から湧いてくる罪悪感とか、自責の念とか、良心の呵責を怖れるというトラウマを持っていたのだ。

私が最も怖れるのが、ママの家計簿である。2008年2月に私が最後を見届けた主婦の友の付録の家計簿だが、それ以前の約50年分の膨大な家計簿が、奈良の実家にあるのだ。

子ども時代に、たまたま見てしまった家計簿の備考欄に「章子、またパパに逆らう、憎し」のメモを見つけた時、「まぁ、あれだけ逆らえば、子どもでも憎くもなるだろう」と、さほど傷つかず、その他の私への批判や誹謗には、ピントはずれだと一掃できた。

問題なのは、私が家を出てからの約30年分の家計簿備考欄のメモである。悪口や愚痴なら問題なしなのだが、私が怖れるのは、子どもに家出された母親の寂しさや悲しみや哀れさ、後悔や懺悔や謝罪がメモされていることなのだ。これが書かれていたら、私は確実にトラウマになる。

それなら、家計簿を見ないで処分したらいいのだが、私は必ず読むのだ。50年分全ての備考欄のメモを、隅々まで、一言一言漏らさず、読む。それが、運命で宿命で因果なのだ。

10年間育ててもらった恩は、10年間は同居してプラスマイナスゼロにする【10年ルール】で解決した。次のミッションは、約30年分の家計簿の備考欄に何が書かれていても、平気のへっちゃらでいられるメンタルの処理だった。

ママとの同居により、子ども時代のトラウマが沸いてくるわ、精神的な葛藤が吹き出るわ、寝た子を起こされるわで、踏んだり蹴ったりなのだが、もしママが認知症にならずに、奈良で一人暮らしをして余生を終えた後、家計簿に私が予想した最悪のメモが書かれていたら、もうとてつもないメガトン級のトラウマを背負うことになっただろう。今思うと、ママは、「あこちゃんには、トラウマになるものは、もう何もない」と実証するために、認知症になって、私のところにやってきたようにも思うのだ。

さて、ママは寝起きがよく、声をかければ「ハイッ」とお返事をして起きてくれるのだが、その朝は動く気配が全くない。「ママ、起きや、お迎え来るよ」と肩を揺すってもピクともしない。まさか、死んだん？　いやいや、まさか……、全然動かないママの身体を揺さぶると、「アナタハ、死ンダ人間ヲ、起コス気デスカ」と腹話術師みたいに口を開けずに宣った。「な〜んや、死んだふりか」。

起きたくないから死んだふりをするようなママに、もうトラウマの原因になるような欠片もない。今となっては、「老いた母親と一緒に暮らしましたとさ」という、ただそれだけのことなのだ。

認知症にならないために認知症情報からオサラバする

こうして12年、認知症と付き合ったおかげで、認知症にならないために何をしたらいいかを考えるようになった。

まずは、認知症のことを忘れることだ。

今はテレビの健康バラエティ番組で、認知症を予防するための食事、運動、脳トレ、生活習慣など様々な情報が発信されているが、これにいちいち飛びついていては、「認知症は怖い病気やぞぉ」「これを食べないと、認知症になるぞぉ」「頭を使わないと、脳細胞が萎縮するぞぉ」「運動、怠けたら、脳が老化するぞぉ」と、認知症は怖いというイメージを自分で洗脳しているようなものである。

認知症のママでさえ洗脳が効いたように、脳は同じ系統の情報収集が大好きなので、できるだけ明るく楽しくハッピーな情報を与えてあげて、自分を徹底的な楽観主義にしておくのは有効だと思う。

「物忘れが多いのは、若い時からだけど、別に支障なく生きてきた」「私が食べるものは、全て身体にいいもんばかりだもん」「ボォ〜とするのは、とても気分がいいんだもん」「こんないい風の日は、散歩なんかしないで、風に吹かれて昼寝をしよう」「ゴロゴロ、ダラダラを心いくまで楽しもう」と、自分のやること全てを肯定して、楽しむことを最優先にする。

私はおひとりさまなので、もし認知症になった場合、ママが極めたあのなんとも楽チンな境地「わすれびとさ〜ん」に早くなるために、ポジティブ・シンキングな脳にしておく必要があるのだ。

ママが認知症告示をされた頃は、認知症のテレビ番組は必ず観たし、何かよい情報や役立つ知識はないかと、ネットで認知症を毎日検索していた。実は認知症という言葉を聞いたり見たりするだけでも、相当なストレスになっていたと思うのだが、当時はそんなことには気づかず、それほど代わり映えしない情報や知識を、毎日読みあさっては暗記していたようなものだった。まさに、洗脳である。

今もネットを見ていると勝手に認知症関連のバナー広告がアップされるのだが、認知症という文字を見ただけで、胃がキュッとなるので、「これは、もう、見たくもない文字なんだ」

というのがよくわかる。もう終わった過去のストレス因子を、勝手に見せられるのは、困ったものである。

ストレスのない生活をしていれば、ストレスが原因の病気を遠ざけることができる。だから、ストレスのない生活とは、ストレスという言葉を聞いたり見たりしない生活であり、ストレス解消法とは、ストレス解消法に興味がわかないことになる。

私は何が幸せかって、猫のクーちゃんを撫でながら、お持ち帰りした王将の餃子で缶ビールを飲み、本を読んだり、テレビで映画を見たり、音楽を聴いたり、ベランダの植木に水をやったり、窓から溢れる陽を眺めてボォ～としてたら昼寝している一人の時間ほど、リラックスを感じることはない。

認知症に限らず、高血圧、糖尿病、肥満なども同様に、怖い病気だとテレビや雑誌やネット、また関連商品のコマーシャルが煽ってくれるので、あれを食べないと、これも飲まないと、あの運動もしなくちゃ、この習慣を身につけなくちゃと、常に相当なストレスにさらされている。

そんな外圧に負けずに、ストレスのない生活をするには、今までの生活習慣を全て一旦リセットして、そこから自分の身体が本当に求めているもの、心地よいと思うこと、気持ちよいと思う運動などを選択して、自分本来の身体や性格にマッチした規則正しい生活をすることなのだが、こんな大事業はとても自分一人の力でできることではない。というか、本当に自分らしい生活なんて、自分でもわかっていないのだ。

目覚ましで起きて、遅い時間に仕事が終わって、遅い時間に夕食を食べて、遅い時間に寝るというある意味規則正しい生活をしている現代人にとって、身体が欲している規則正しい生活を見極めるのはなかなか難しい。

ママが来る前は、夜更かし朝寝の不規則な生活で、ちょっとだけ健康を意識した食生活とそれを上回る飲酒習慣に、自転車に乗るぐらいの運動量で、少しずつ体重が増加していることには目をつぶっていた。あのままだと、確実に成人病の予備軍になっていたであろう。

そこへ、ママという外圧がやってきた。嫌であっても、今までの生活から、ママ中心の生活に変えていくしかない。今は、17時までに夕食を済ませ、その後はほぼ食べ物は口にしない。お酒は飲むけど。20時でも21時でも眠たくなったら寝てしまい、日の出と共に起きる。だから、朝はお腹がペコペコなので、ランチ並みにたっぷり食べ、その後は、お腹が空いた時に食べたいものを食べる。ママというストレスの塊と同居しながら、いつの間にかストレスから離れた、身体に任せた規則正しい生活習慣と、健康的で正しい食生活になっていたのだ。

自分の意思だけで到底できない生活改善であるが、ママのデイサービスの時間や年寄り向けの規則正しい暮らしに合わせていたら、私も健康的で正しい生活に便乗できたのはラッキーであった。

今のママは、ただのボケばあちゃんになったので、もう認知症関連のテレビ番組は観ないし、最新の認知症医療情報などもチェックしない、認知症とは無縁の生活になった。

２０１８年10月、ママは、ショートステイで転倒して頭にたんこぶ、顔に大アザを作ったが脳には異常なしと診断された。しかし、２日後に嘔吐と歩行困難となり、病院で感染症と診断され、点滴治療のための入院となった。91歳という高齢なので、先進医療や延命治療などは必要なしで、全ておまかせすることにする。

ママが認知症と診断された時は、慌てふためいてストレスＭＡＸとなったが、今回は健常者でもよくある病気なので、冷静なもんである。私は今、認知症介護をしているのではなく、91歳という高齢の母の世話をしているので、お医者さん、看護師さんにおまかせするだけで、私の出番はない。感染症の治療が進んだところで、リハビリをはじめ、足腰が回復したら退院である。

ママは8人部屋にいる。食事をスプーンで食べさせると旺盛な食欲で、8人の中でママの食欲がダントツ第1位なのが、ものすごく誇らしい。子育てで「うちの子ども、他の子に比べて食がとても旺盛なんですぅ」と、子どもが大きく育つのを喜ぶ親の感覚がわかる。


今回は私がお見舞いに行くと明らかに嬉しそうな顔をする。そして、「ほんじゃ、帰るわ」と言うと悲しそうな顔をする。もちろんプリンも持参しているのだが、1月の入院からは、私がいなければ何もできない自分のことを自覚しているようで、ここは私に愛想を振りまいておこうと思っているかもしれない。いや、そんな私の思惑とは関係なく、ママは純粋にお見舞いに来たあこちゃんが好きなのかもしれない。

「ほんじゃ、帰るわ」と言うと「ありがとう」と言う日もあり、ママは認知症ではなく、もう普通の病気のばあちゃんである。

斜め向かいのおばあちゃんが猫枕と猫のぬいぐるみをベッドに入れていたので、ママにもクマのプーさんを持っていってあげる。ママにいつものように「クリストファー・ロビン」と語りかけ、プーさんを抱っこさせる。

さて、退院すれば、また二人の暮らしがはじまるのだが、老化も進んでいるので、今までと違う介護が必要になりそうだ。ケアマネージャーさんと相談しながら、そろそろ終末期を意識した方がいいかもしれない。

今は可愛い童女になったママ。見事な老い方と言えるだろう。

もし私が認知症になったら未来の認知症介護は、どうなっているのだろうか

ママにとっては、私がおひとりさまだったのは好都合だったが、私は、あこちゃんのいない老後を一人で生きていかなくてはならない。2025年には高齢者の5人に1人が認知症になると言われているので、認知症になるかどうかは、当たるも八卦、当たらぬも八卦のロシアン・ルーレットのようなものだ。もし、当たってしまえば、認知症のおひとりさまとい

う老後が待ち受けている。

では、どうしたらいいか。もし、軽度認知障害（ＭＣＩ）または、初期の認知症と診断されたら、担当ケアマネジャーさんに、まず、この本を読んでもらう。親子はＤＮＡ的によく似た経過を辿る可能性が高いので、ママの12年の認知症の進行状況年表を参考にしながら、脳がまともなうちに、こちらの希望を伝えシミュレーションを共有して、症状によっての対応法を決めておく。認知症が進行しても、このシミュレーションを脳に刷り込んでおくことで、明るく楽しい日々を送っていると脳に思い込ませたい。

認知症の一番大きな特徴は、忘れるということだ。「忘れても大丈夫」「忘れるぐらい、大したことない」「忘れても問題なし」など、忘れることをポジティブに捉えられるような睡眠療法、芸術療法、洗脳療法などの診療を精神内科に託したい。

これからの社会は、過去の実績や経験は役に立たず、今、今、今、まさに今が一番、その今の連続で未来に進む社会なので、過去の失敗を後悔したり、過去の栄光にしがみついたり、過去について覚えていることは健常者にとっても邪魔になる。

だから、ママが言い放ったように「忘れた方がさっぱりします」は、大正解なのである。

今の時代を生き抜くためには、過去に足を引っ張られないために、忘れていくスキルが必要だ。ラッキーなことに、認知症は忘れる病気なので、この症状を利用して、ポジティブ・シンキングの脳に誘導するようなケアを期待したい。

なんといっても、認知症のママが、自分の力で自分で考え、「わすれびとさ〜ん」の境地に到達した瞬間を、私は目の当たりにしたのだ。私にもできないわけがない。

さて、これからはAIが台頭し、劇的に社会や生活が進化していくので、毎日が未来のようなものである。私が子どもの頃は、電話が一家に一台はなかったのに、今や小学生でもスマホを持っている時代だ。昔SFで読んだ未来都市は、今や現実のものとなり、いい若いもんがアレクサになんでもやってもらう便利な時代になった。そして、高齢者介護の世界も、昨日より今日、今日より明日のスピードで変化しているのだ。

映画『ソイレント・グリーン』で、エドワード・G・ロビンソンが、公営安楽死施設で、ベートーヴェンの『田園』が流れる中、美しい自然の風景の映像を観ながら幸せそうに死んでいくシーンがある。

ビッグデータから認知症の脳（感情）を心地よくする映像や音楽の研究が進み、徘徊や興奮傾向の強い認知症の人に有効なバーチャル映像ゴーグルが販売されると、瞬く間にヒット商品になる。また、映像と音楽とおやつ付きの認知症向けエンタテインメント施設は、自動車送迎で訪れる常連客で連日満員御礼の人気介護施設となる。ラッキーなことに観客は内容をすぐ忘れるので、毎日観ても飽きないと好評で、同じコンテンツを永久に使える上、リピート率は100%なので、参入する企業も増える。

星新一の『ショートショート』で、自動運転技術が進んだ未来で、子どもを無人運転の車に乗せて子守を任せる人が急増して、高速道路は子どもしか乗っていない車ばかりが走っているというSFがある。

そして現代、自動運転技術が実用化され、GPS機能やインターネット搭載の車の登場により、目的地への行き帰りは車まかせで、公共交通機関より便利に活用できるようになった。新しい車社会の到来で、「高齢者や認知症の人こそ車に乗ろう!」の、キャンペーンがはじまる。ただし、高齢ドライバーや軽度認知障害(MCI)の人は、車体をカラフルな色に塗ることが義務づけられ、一目でシルバー車だとわかるハデな色で、健常者ドライバーへの注意喚起とした。

さらに、人口の少ない町や村では、高齢者ドライバーそれぞれの車にマイカラーが与えられ、車の色を見れば、誰が乗っているのか一目でわかるようにすることが条例化される。「あれっ、確かあのオレンジ色は、○○村の○○爺さんの車やないか。あんな山道に入って行ったら、地獄の一本道になってしまうわ。ちょっと、家族に電話でもしといたるか」と、地域全体で見守る目が増え、地域の連携も強まる。ただし、危険を察知した場合は、ＧＰＳ見守り機能が察知し、強制帰宅自動運転で帰還できるので、二重の安全対策となる。

ラッキーなことに、日本の車のほとんどのボディカラーが、白色系、灰色系、銀色系、黒色系なので、明るくカラフルで楽しい色や模様入りの車は、極楽シルバー・カーと呼ばれ、凝ったペイント車も増え、コンテストも開催されるほどになる。

そして近未来の介護は、徘徊老人の捜索や高齢者の安全確保という見守りや予防が重視の時代から、自立支援や重度化防止が推進されることになり、ＡＩ、ＧＰＳ、インターネットなど最先端科学を駆使し、「毎日楽しく暮らしてもらうことで、認知症の進行を遅らせよう！」をスローガンに様々なサービスが登場する。

まず、高齢者に外出を促進し、認知症予防につなげるために、介護ベストが考案された。

このベストには、ＡＩ、ＧＰＳ、インターネット、お財布機能などが搭載され、高齢者や認知症の人が外出する時は着用が義務づけられ、屋外での行動を見守りセンターが把握することで、高齢者のビッグデータが分析され、様々なサービスを可能にした。

私は、２０４３年に初期の認知症と診断され、ママ同様に徘徊傾向が強いことがわかり、おひとりさま専用見守りセンターと契約したベストの着用が義務づけられた。

義務と言っても、外出する時に着用すればいいだけで、有名デザイナーがデザインしたベストはファッション性もまぁまぁで気に入っている。ベストを着ないで外出しようとすると、玄関のドアのカギの開閉機能と連動しているので、ベストが「あこちゃん、ベスト着てください。ベストを着て、今日もお散歩を楽しみましょう」と注意してくれる。また、外出時には、ベストが玄関のカギを自動で閉めてくれるので安心だ。

ベストの所有者のほとんどが、自分のベストに名前をつけているが、圧倒的にベスちゃんが多く、私もベスちゃんと名づけた。街を適当に散歩してしても、家から離れすぎると、「ねぇねぇ、お腹が空いてきたから、近所に戻ってご飯にしない？」と、ベスちゃんが誘ってくれて、家の近所のおすすめレストランに案内してくれる。ベストには介護特典つきお財布カードがついているので、飲食店の支払いは全てこのカードで電子決済だ。介護特典つきカードが使える飲食店には、国から補助金や税金の優遇があるので、加盟店が一挙に増え、同時に外食を楽しむ高齢者が増えたことで、外国人観光客に続く、新しい消費層として注目されている。

最初は、「こんなもん、恥ずかしくて着られるかっ」と拒否する頑固親父や、「自分が認知症とわかるのは恥ずかしゅうございます」と敬遠していたマダムたちも、介護特典つきお財布カード加盟店が競って高齢者サービスに力を入れたので、現金を持ち歩くことなく、カード1枚で買い物、飲食、映画、ライブも楽しめるので、またたく間に高齢者に広がる。

また、お財布カードは、年金や銀行口座などの資産管理もしているので、お金を使い過ぎると、「ねぇ、今日のお買い物は、終わりにしない？　明日はもっといいものがあるかもよ」と、適切なアドバイスをしてくれる。ベスちゃんが収集する徘徊距離、時間、好みの食事やカロリー、よく行く店や娯楽などのライフスタイル・データから、ベスちゃんが夕食を決めてくれることもあり、「ねぇ、久々に200グラムのステーキで、贅沢しない？　ワインも奮発しちゃお。予約、しとくね」と、嬉しい提案もしてくれるのだ。

帰宅時間になるとベスちゃんが、♪カラスが鳴くから、帰ぇろうぅ♪と、歌を口ずさんでくれるので、一緒に歌いながら帰路につく。自力で帰るのが無理な時は、家族または、登録されているお迎えスタッフやボランティアさんが駆けつけてくれるが、足腰の疲れや酔っ払い状況に応じて、ベスちゃんがタクシーを呼んでくれることもある。

行きつけのバーに行ってみると、常連客はみんなベスト着用者だ。うちのベスちゃんや他の人のベストたちが、みんなの会話をどんどん学習するので、高齢者の会話でよくある「ほらぁ、あれ、あ〜、名前が出てこないわ。ほれ、あのぉ〜、誰やったかな」という時も、「それはレオナルド・デカプリンです」と答えてくれて、「ベスやん、それはデカプリオや。ハッハッハッ」というダサいギャグにも何回でも付き合ってくれるのだ。

ベストには、血圧、脈拍などの健康管理機能もついているので、ベスちゃんが「ねぇねぇ、血圧が低過ぎだよ、もう、これ以上飲んだらダメ。マスター、お勘定しといてね」とストップをかけてくれたり、危ない時は、救急車を呼んでくれる。高齢者たちは、こんなベストを孫のように可愛がった。

こうして、高齢者のビッグデータが集まることで、街全体を介護施設と位置づけることが可能になり、健常者もベスト着用者をそれとなく見守る未来型の福祉社会が形成された。

「早く高齢者になってベストを着たい」と思う若者層も増え、そのために若い時は貯蓄、高齢者になったら散財という消費傾向となり、日本の社会は、ＡＩ型福祉国家として注目されることになる。また、それまでの従来型の介護福祉事業の予算より大幅に経費が節減された上に、高齢者の消費を牽引し、新しい雇用を生み出している。

この、介護ベスト・プロジェクトは、国、企業、大学、関連団体の共同事業で、介護・福祉・医療・健康などの各種団体、ＩＴ業界やサービス業界からの参入も多く、さらなる躍進が期待されている。

ＡＩの登場で、暮らし方が劇的に進化していく現代社会。私の自立した生活が怪しくなりそうな10年後か20年後には、これぐらいのハッピーな世の中になっていそうなので、おひとりさまであっても、あまり老後のことは心配しないことにする。

ドキュメンタリー映画
「徘徊～ママリン87歳の夏～」
（2015年・77分）

データ
監督：田中幸夫　製作・配給：風楽創作事務所
日本医師会・日本看護協会・日本介護福祉士会推薦
映画公式サイト　hai-kai.com

ビジネス街の北浜で、昼夜の別なく徘徊するママリン。それを見守る娘と街の人たちのひと夏を描いたドキュメンタリー。思わず大爆笑のシーンの中に、認知症介護のヒントやアイデアも。２０１５年、劇場公開時から大きな話題を集め、その後のホール上映は、全国各地300カ所を超え継続中。

上映に関する問い合わせ
風楽（ふら）創作事務所　balmaa2001@yahoo.co.jp

酒井章子（さかい・あきこ）

1959年、大阪市生まれ。大阪芸術大学舞台芸術学科入学を機に家出。情報誌の編集を経て1988年に独立し、編集プロダクションを主宰。2001年に北浜に移転し、自宅の上階にギャラリー（10w gallery）を併設する。2006年に母が認知症と診断され、2008年より同居生活がはじまり、現在に至る。

ブログ『ボケリン・ママリンの観察日記』
https://asayosan.exblog.jp

ドキュメンタリー映画
『徘徊〜ママリン87歳の夏〜』公式サイト
http://hai-kai.com/

認知症がやってきた！
ママリンとおひとりさまの私の12年

2018年12月13日　第1刷発行
2019年 2 月 1 日　第2刷発行

著　　者　　酒井章子

ブックデザイン　　根本佐知子（梔図案室）
イラスト　　おぐらなおみ
編　　集　　松本貴子・小川真梨子
発　　行　　株式会社産業編集センター
〒112-0011
東京都文京区千石４丁目39番17号
TEL 03-5395-6133　FAX 03-5395-5320

印刷・製本　　株式会社東京印書館

ISBN978-4-86311-208-7　C0095